クラフトワーク

縁結びの神さまをつくる

川副秀樹
kawazoe hideki

言視舎

目次

（ ）内は台紙のページ

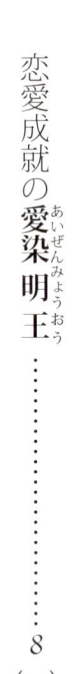

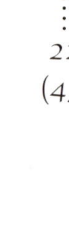

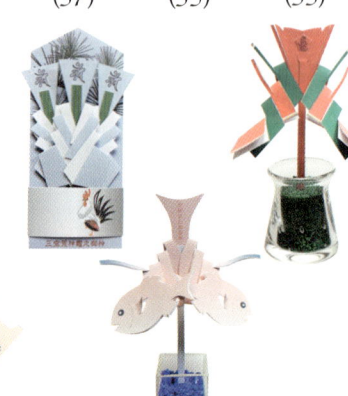

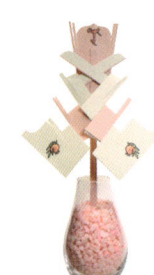

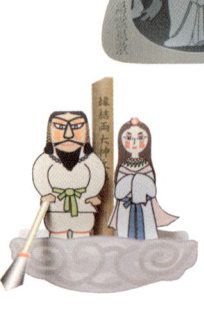

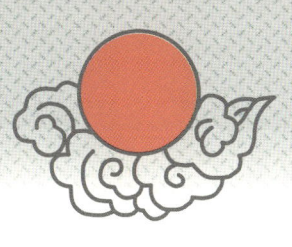

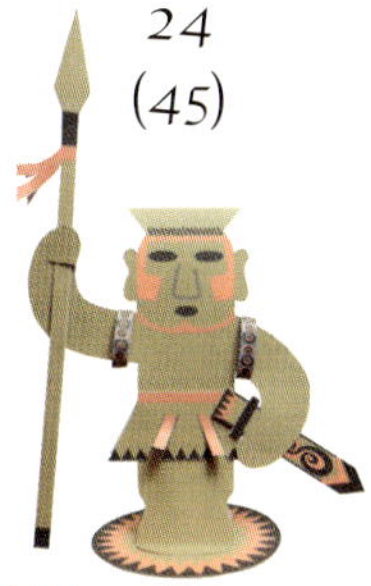

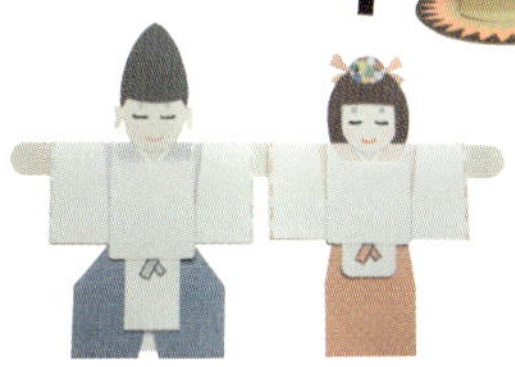

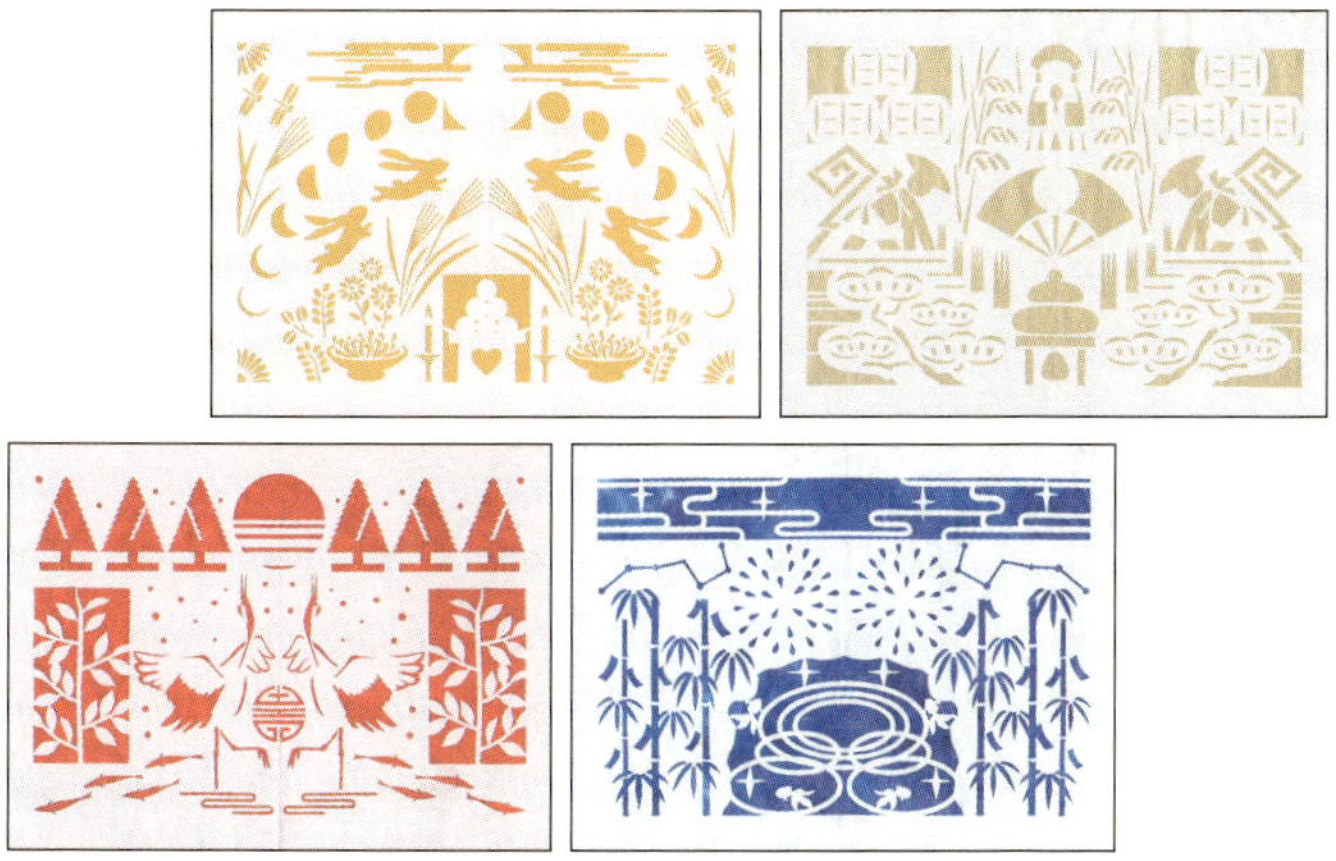

はじめに

神さまを自分でつくっていいのですか?

よくこんな質問をいただきます。

「神像や仏像を自分でつくってもよいのですか?」

また、このような疑問もあるようです。

「神さまを自己流で勝手にお祀《まつ》りして、失礼にあたらないでしょうか?」

「神仏やご先祖(以下神さま)のお世話、つまり神事や仏事は神主さんやお坊さんにお任せするべきなのでしょうか?」

はじめに断言しておきます。自分の信じる(お気に入りの)神さまを自分でつくってお世話し、お祀りして悪いことなど何一つありません。

もちろん、一般の人にくらべて修行を多く積んだお坊さん、神さまへの作法をよく習得された神主さん、霊感を鍛えた巫女《みこ》さんや修験者などの職業宗教家に祈りを託すことを決して否定するものではありません。現実に、それで安らぎを得る人は多いのですから。

でも、「神仏像には専門家の念力と呪文(お経、祝詞《のりと》、真言《しんごん》など)で魂を入れなければならない」とか、「専門家が開眼供養をしなければ仏にはならない」などと言われることがあるかもしれません。場合によっては「素人が半端な祀りかたをすれば神さまが怒る」「ご先祖さまが浮かばれない」「隙を狙って邪悪な霊が取り憑《つ》く」などと脅されるかもしれません。

ご安心ください。そんなことを言うのは、世俗の利権にまみれた宗教家だけです。気にする必要はありません。

神さまに祈りを捧げる権利は誰にでもあります。神さまに願いや祈りを込め、感謝の気持ちを捧げたい気持ちを否定することは、どんなに偉い宗教家にもできないのです。

といっても、素人に宗教家の代わりができると言っているのではありません。神さまを敬《うやま》う気持ちと儀礼の作法は別のものです。儀礼は大切ですが、神さまをお招きするのは儀礼だけではない、と筆者は考えています。

あなたはごく自然な気持ちから空、太陽、月、星、山、海、ご先祖さまなどに「今日も一日、無事でありますように」「家族を見守ってください」「夢を叶えてください」などとお願いをしたことがあるはずです。

そうした祈りの相手は、儀礼がなくても神さまであることを、だれも否定しないでしょう。

初詣や旅先で買った縁起物を、身につけたり部屋に飾ったりすることがありますね。どうしてそうするかというと、そこに神さまが宿っているような気がするからではありませんか？　多くの場合、お札《ふだ》やお守りは、工場で生産された紙や布、プラスチック製品です。でも神さまだと感じる。だから祈りを捧げるのです。

祈る相手が、石や木や金属の場合もあります。お墓やお地蔵さんは石ですし、神仏像は木や金属です。でも、何かを感じるから祈るのです。位牌や遺影を拝《おが》むことも、愛する人の形見を身につけることも、同じ祈りです。

つまり、祈る相手がどんな物質であろうと、儀礼によって保証されたものであろうがなかろうが、そこにあなたが神さまを感じるなら、それは祈りの対象になるのです。

私なりの結論を申し上げます。

あなたにも神さまをお招きすることができます。なぜなら、人が何らかの対象物に祈りを捧げた瞬間、そこに神さまの存在意義が生じるからです。

正確には神さまのご本体というより、神さまにとっての降臨の目印・装置を拝み、そこに神さまをお招きするのです。専門的には依代《よりしろ》、憑座《よりまし》などといいます。それは神仏像や社殿仏閣だけでなく、「宇宙」から「石ころ」「動植物」にいたるまで万物が対象です。人がそれらに祈りを捧げることによって、はじめてそこに神さまが宿るのです。

誰がどこに神さまを感じ、どのようにお祀りしてもよいのです。決まりはありません。逆にいうと、どんなに形式ばって恭《うやうや》しく煌《きら》びやかに神さまを祀っても、そこに祈りの真心が入っていなければ神さまは寄り憑きません。

それは、あなたがこれからご自分の手で心を込めて、もちろん楽しみながらつくる「紙の神さま」にしても同じことです。

じつはこの本でつくる紙の神々は、日本人が永い年月をかけ試行錯誤しながらつくりあげた、それぞれの神さまが大好きなカタチです。それをどなたにもつくりやすく親しみやすいようにアレンジしました。これらはあなたに神々をお招きするパワーを与えてくれます。

いろいろな人に、もっともっと神さまを身近に感じていただきたい。そんな願いを込めました。幸せなことに神さまに祈りを捧げる行為ができるのは、私たち人間だけです。

さあ、ご一緒につくりましょう。

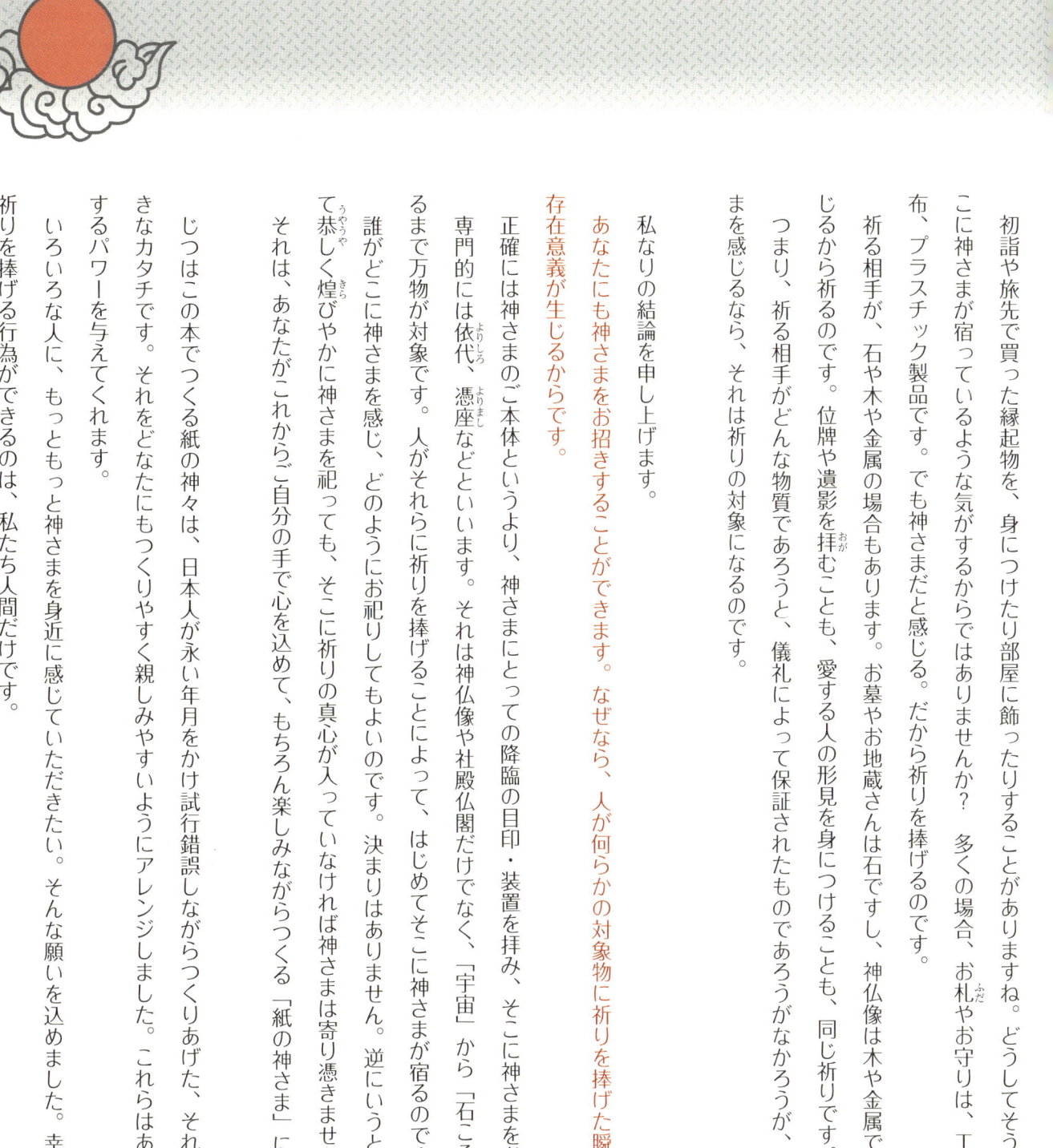

あると便利な工作グッズ

★★★：必要
★★☆：あれば便利
★☆☆：なくても可

文房具店、手芸店で
入手できます。

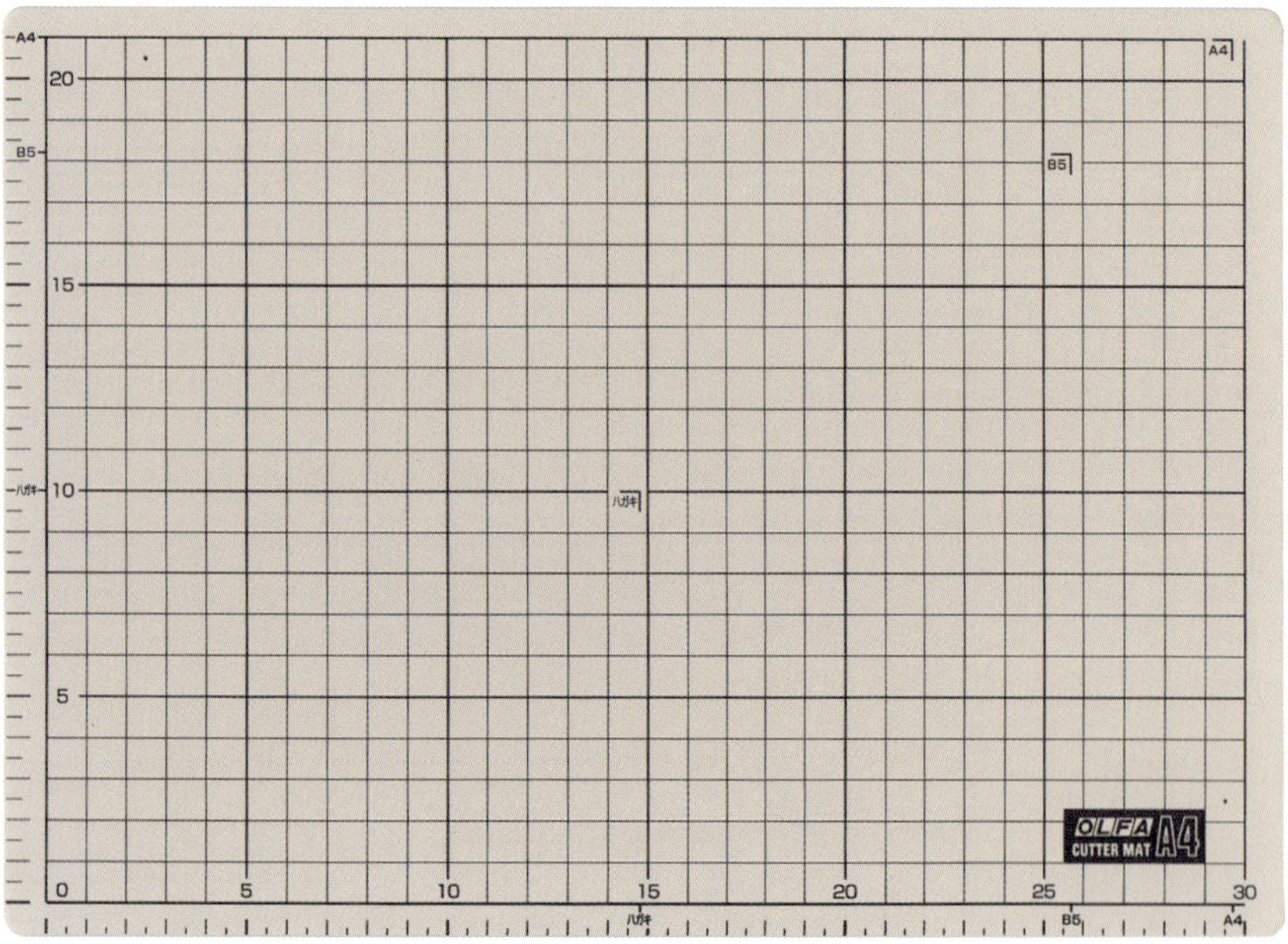

★★★**カッターマット**
サイズは A3 もあるが A4 でも十分。厚紙、まな板などでも対応できるが一枚は持っておきたい。

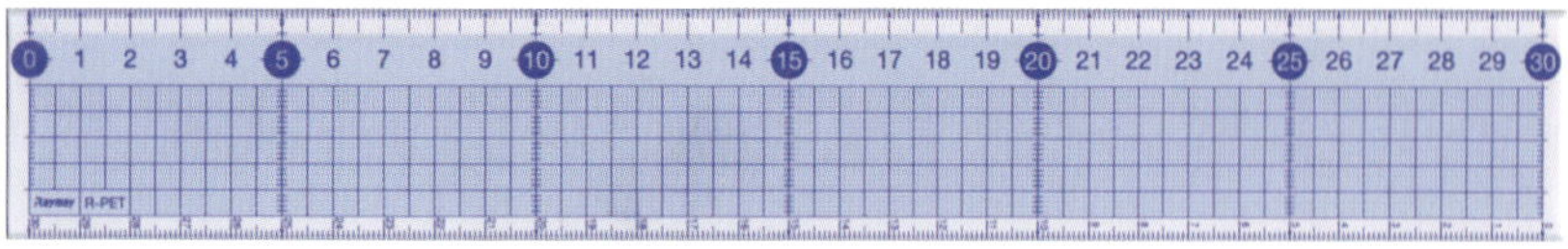

★★★**マス目入り定規**
マス目が入っていると便利。左のものは片面にカッター対応のスチールが埋め込まれているので定規を傷つける心配がない。

カッターで切る

★★★**カッター**
刃は常に新しくして使う。ただし、刃の折り方に失敗するとかえって切れなくなる場合もあるので注意。直線に向いているが、曲線はゆっくり根気よく。

★★★**デザインカッター**
直線には不向きなうえ、刃先が欠けやすいという欠点があるが、使い慣れると便利。逆にその欠点を利用して定規を使わずに直線を切ると手作りの味が出せるので「半紙で作る切り紙」ではこちらのカッターを使用している。替え刃は十分付属しているのでできるだけ新しい刃を使う。紙が刃に引っ張られるように感じたときが替え時。

ハサミで切る

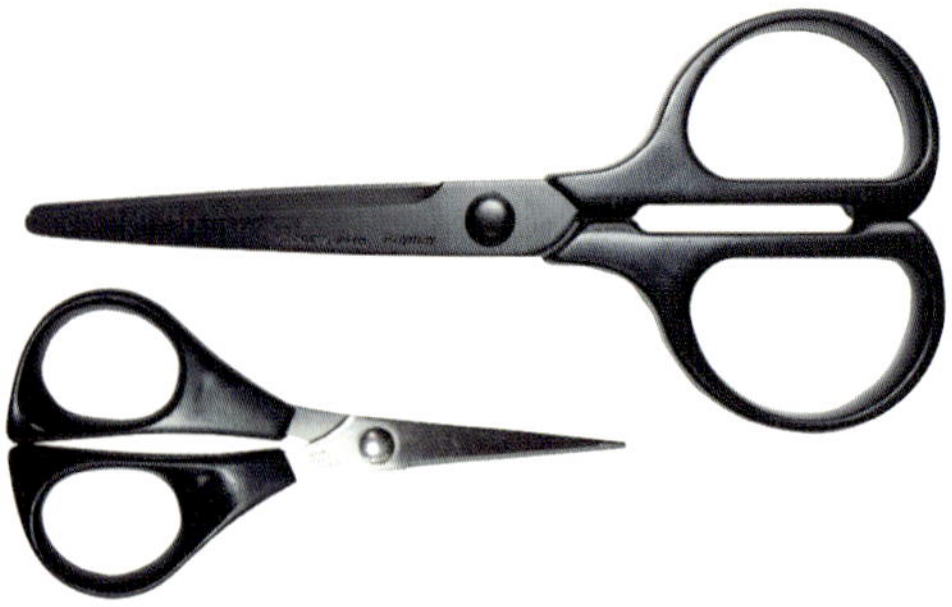

★★★**ハサミ（中）**
刃の長さは 7 ～ 8cm ほどで十分。台紙をおおざっぱに切り取るときや、切れ込みを入れる時に便利。ただし、最後までパチンと先の刃を合わせてしまうと、その部分の切り口がきたなくなるので注意。

★☆☆**ハサミ（小）**
カッターではやりにくい細かい部分の修正などに便利。

紙を貼る

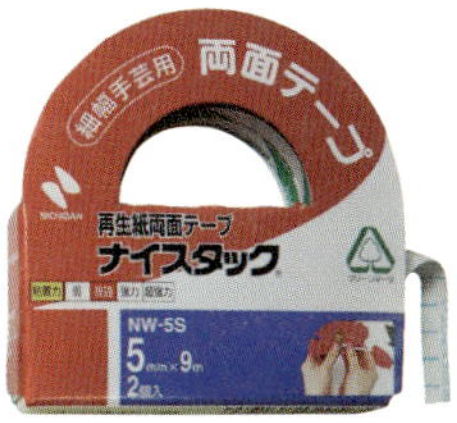

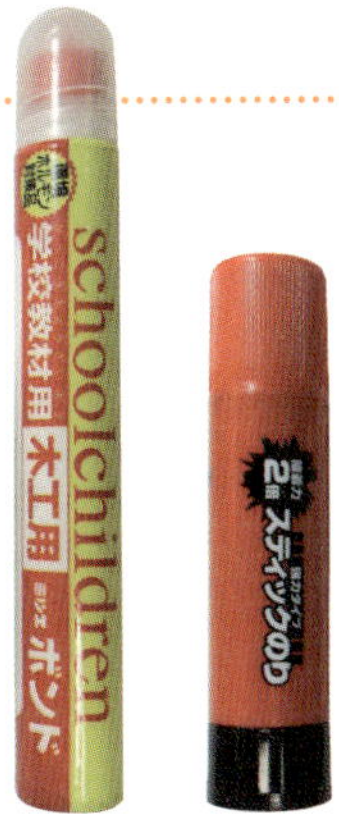

★★★両面テープ
5mm 幅が入手できれば便利。うまく使えば紙を汚さない。

★★★木工用ボンド
速乾性がおすすめ。つけすぎると紙が波打つので少量を別の紙や容器に出してヘラや楊枝などで必要量だけ塗布すると仕上がりがきれい。教材用の細長い容器のものは使い勝手がよい。

★★☆スティックのり
紙が波打たないので便利だが、細かい部分には直接塗りにくいので、はみ出ないように楊枝などを使うとよい。
＊糊を付けすぎてしまった場合は、こすらずに余分だけサッと拭き取り、完全に乾くまで待つと紙が汚れない。

折り線に筋を入れる

★★☆ペーパーナイフ
刃が鋭利な場合は先を 2cm 程残して、あとはビニールテープなどを巻いてしまうと安全。細かい部分の糊付けにも使える。

★☆☆ペーパーナイフ
左は中学時代からの筆者の愛用品。摩耗して先が丸くなっているので使いやすい。定規を当てて長い線を引く場合に使う。

★★★クラフトピック（千枚通し）
昔は千枚通しとよばれて各家庭には必ずあった。先が鋭く尖っている場合は紙を切ったり痛めてしまうので、ヤスリや石などで適度に丸味をつける。下は筆者の母の愛用品だったが使いすぎてだいぶ短くなっている。手芸店にある。

穴を開ける

★☆☆ポンチ
筆者の愛用品。4.5mm 径。目をくり抜く場合などに、たまに使うが本書では使用しない。革製品を扱う手芸店などにある。

細かい作業をする

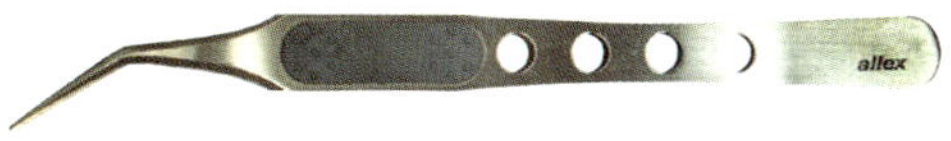

★★☆ピンセット
筆者の愛用品。本書の制作場面に直接登場することはないが、一本持っていると細かい作業に大変便利。使い慣れると手放せない。

紙をまとめる

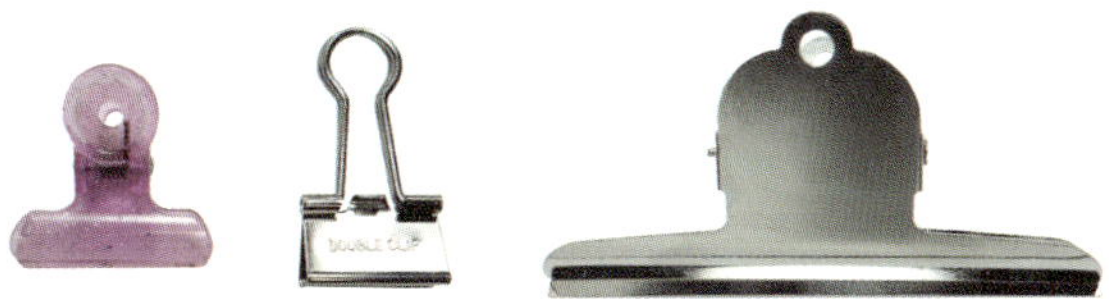

★★★クリップ各種
紙を重ねて切る場合にズレを防ぐ意味で大変重要。ケースによって使い分ける。切るときに当たってしまう場合が多いが、止める場所をこまめに変えながら使用することがコツ。

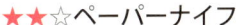

恋愛成就の愛染明王《あいぜんみょうおう》

台紙は33ページ

伝統的で美しい御幣が恋を招きます

愛染明王の祀られている寺社：長野県千曲市・長雲寺／東京都八王子市・高尾山薬王院／東京都目黒区・目黒不動尊／東京都新宿区・愛染院／千葉県成田市・成田山／千葉県君津市・神野寺／神奈川県鎌倉市・覚園寺／大阪府貝塚市・水間寺／和歌山県伊都郡・高野山／奈良県吉野郡・大蔵寺／高知県高知市・竹林寺／高知県土佐市・青龍寺

良縁成就

水商売・アパレル業守護

味方を得る

寿福長生

■仏像は一般に深紅に染まった怒りの表情をしています。愛染明王は「怒りのキューピット」なのです。

■本来は「愛欲を貪《むさぼ》り喰らう心を、怒りをもって清浄な悟《さと》りを求めようとする心に至らしめる」つまり私たちの欲望を即、悟りに導き浄化してくださる、というありがたい使命を持った仏《ほとけ》さま。

■平安の昔から貴族たちはこの神さまに恋愛成就を祈っていました。

■仏さまが神道で使われる御幣《ごへい》で祀《まつ》られるのも不思議に思われるかもしれませんが、江戸時代まで人々は神仏を同じように考えて奉じていたのです。

■この御幣は赤と緑が目立ちますが、ほかに白、黄、紫が使われています。

■自分の気持ちを相手に伝えたい時には、その思いを綴《つづ》った手紙などを御幣の前に供えて祈るようにします。

東京都高尾山薬王院の愛染明王

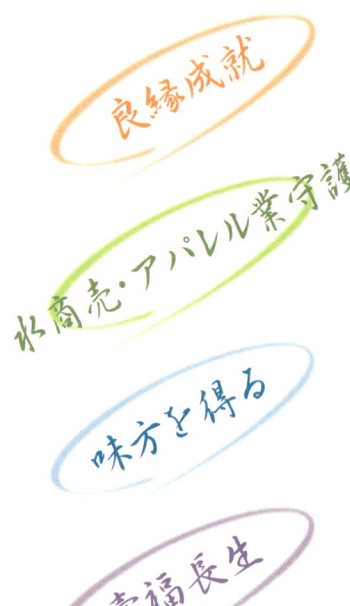

愛染明王工作の手順1

①本書から台紙を切り外したら、あらかじめ点線部（折り線）にペーパーナイフやクラフトピックなどで折り筋を入れておきます。紙を傷つけない程度の力で！

②弊《へい》と弊串《へいぐし》を切り抜きます。

③弊（本体）を縦に二つ折りします。弊串の串部分も縦に二つ折りします。

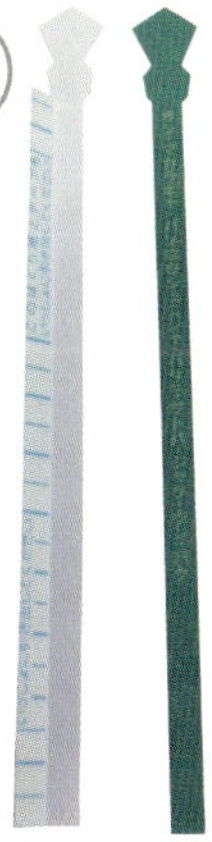

④赤と緑それぞれの弊串の内側を糊付け（写真では両面テープを使用）して二本の弊串を作っておきます。これはボンドなどを使用したときに糊が乾く時間をかせぐためです。赤は種字のある方、緑は真言がある方が表になります。

⑤弊（本体）をさらに横に二つ折りします。

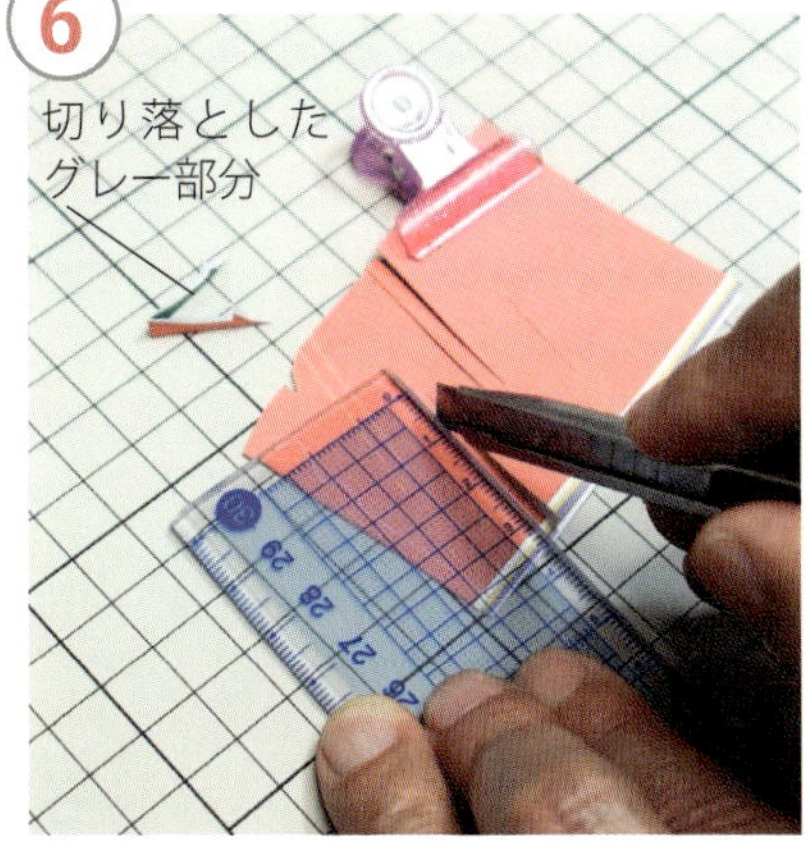

⑥四ッ折りにした弊のグレー部分を切り落とし、オレンジの切り込み線（全七本）に切り込みを入れます。
紙が四枚重なっているので一度に切ってしまおうとせず、ゆっくりていねいに一番下の紙まで切り込みを入れてください。紙がずれないようにクリップの位置をこまめに変えながら切っていきます。

カッターの刃もこまめに折ってよく切れる状態にしてください。

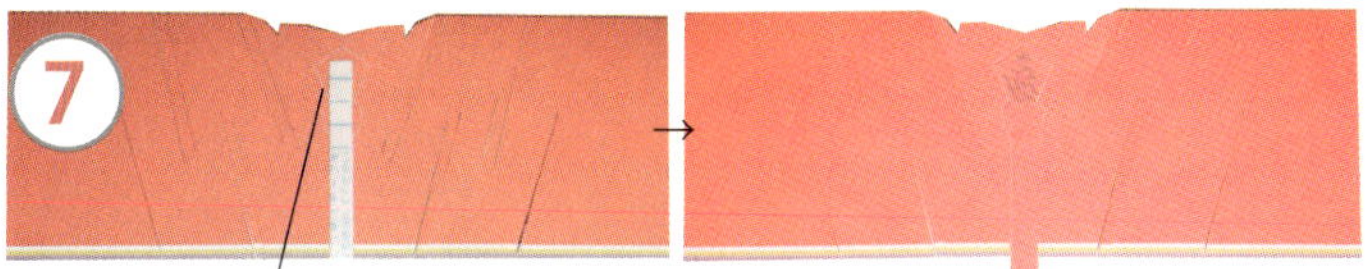

アタリ

⑦切り込みを入れた弊を広げ、赤い弊串の種字がある方が表になるようにして弊のアタリ（位置の目安）に合わせて弊串を弊と直角になるように貼り付けます（写真では両面テープを使用）。

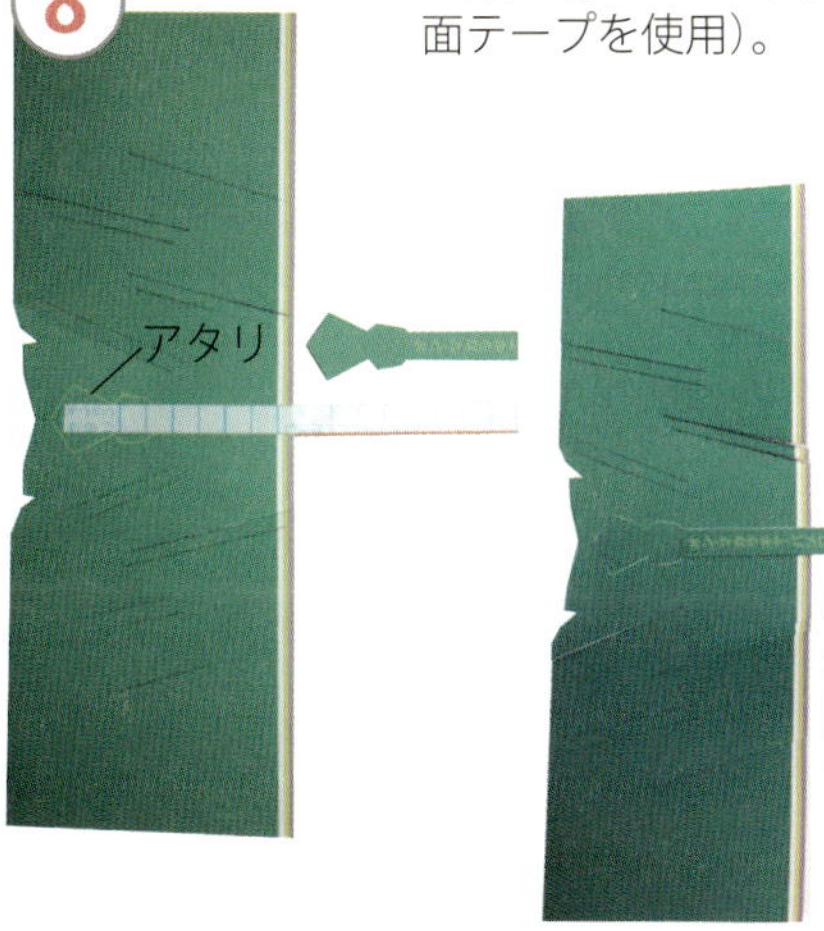

⑧緑面も同様にしますが、このとき赤、緑の弊串同士も貼り合わせます（写真では両面テープを使用）。

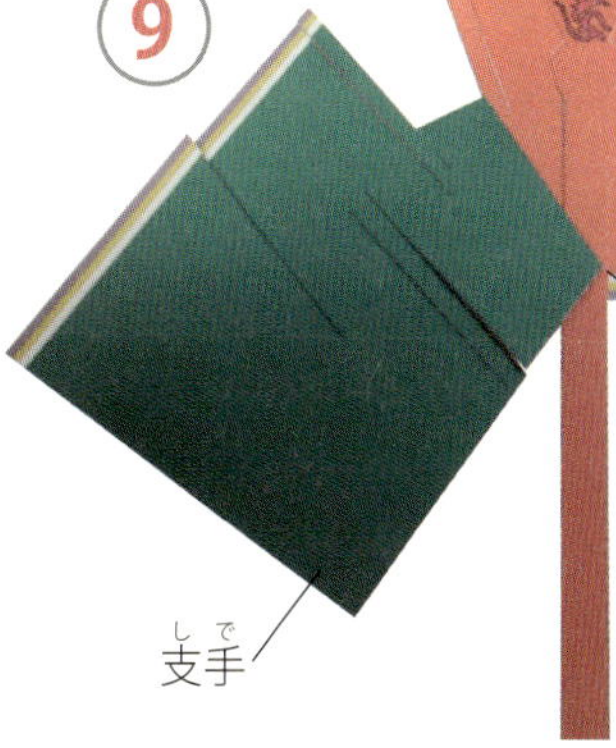

弊串の端あたりを目安に折り込む

支手《しで》

⑨いよいよ弊を折っていきます。左右対称におりますが基本は向かって左から手前に折り込んでいきます。折る角度は弊串の端あたりに弊の支手が当たる程度です。

愛染明王工作の手順２

10

⑩同じような角度で右側を折り込みます。

11

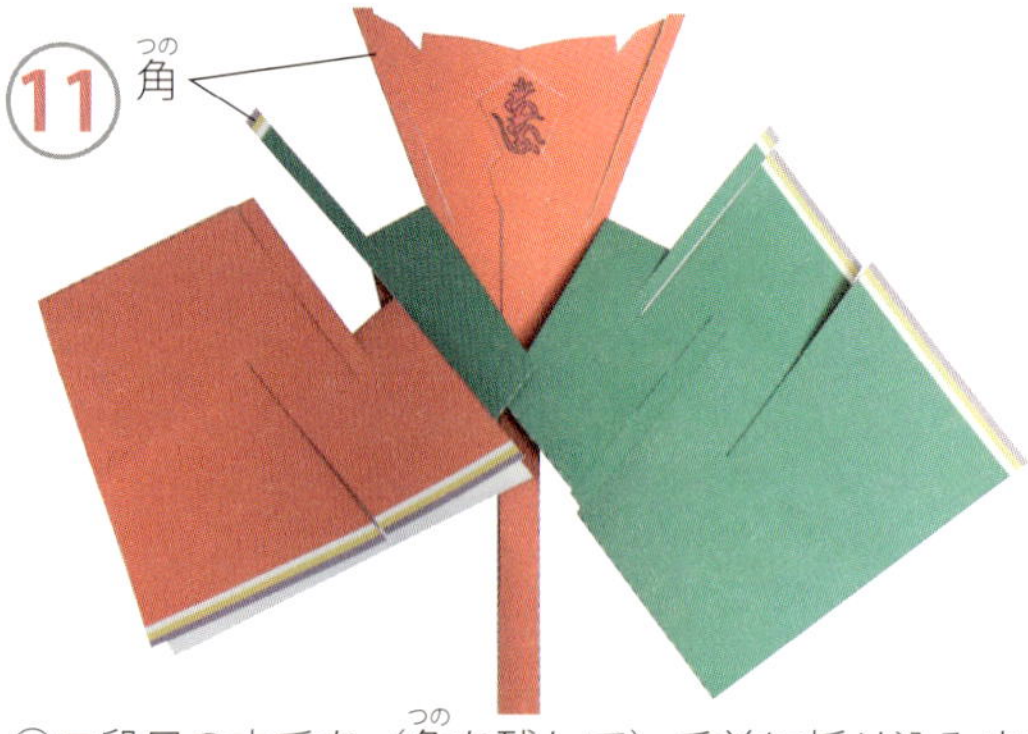

⑪二段目の支手を（角《つの》を残して）手前に折り込みます。

12

⑫同じように右の支手を手前に折り込みます。厳密に左右対称にならなくても構いません。

13

⑬三段目の支手を(角を残して)手前に折り込みます。三段目は弊串の手前に接する程度の角度で折ります。

⑭同じように右の支手を手前に折り込みます。

14

15

⑮四段目の支手を手前に折り込みます。これも三段目と同じように弊串の手前に接する程度の角度で折ります。

16

⑯同じように右の支手を手前に折り込んで完成です。このままでも構いませんが左写真⑰のように弊串の下部を斜めに切ると、8P 見本のようにカラーサンドなどに立てやすくなります。

17

⑰支手が手前に起きすぎて収まりが悪いようでしたら型押ししたり、正面から見えないポイントに糊付けしても構いません。また、湿気などで弊串が曲がりやすいようでしたら裏側に竹串などを添えて補強してください。

伝統的で美しい御幣が恋を招きます

所願成就・福を招く 夫婦《めおと》の鯛《たい》

台紙は35ページ

所願成就

開運・招福

商売繁盛

夫婦円満

恵比須さまの祀られている寺社：栃木県足利市・西宮神社／富山県射水市・長徳寺／茨城県つくば市・筑波山神社／東京都墨田区・三囲神社／静岡県熱海市・今宮恵比須神社／福井県遠敷郡・須部神社／和歌山県和歌山市・水門《みなと》神社／大阪市浪速区・今宮戎神社／兵庫県西宮市・西宮神社／島根県八束郡・美保神社／徳島県那賀郡・蛭子神社／福島県若松市・恵比須神社

■鯛の御幣《ごへい》は、もとは岩手地方の福モノとしての「おかざり」でした。

■日本独特の言霊《ことだま》信仰から「お目出たい」のたいが魚の鯛に通じるということで結婚式や出産、正月などの祝いの席には鯛などの尾《お》頭《かしら》付きが喜ばれました。しかし高級魚ですからいつも手に入りません。人々は代わりに御幣を飾って祝ったのでしょう。

■鯛は商売繁盛の神さまである恵比寿（恵比須、戎、夷）さまにも関わりが深いことはよく知られています。これらのことからも鯛御幣は祝い事のおかざりにぴったりですが、ハッピーな出会いや開運、商売繁盛、夫婦円満を願う場合は特別な日に限らず、普段から飾っていただいてかまいません。

■鯛御幣は筆者の講座（民俗学の話とクラフトワーク）で、とても人気があります。ここでは御幣の頭部（「鏡」ともよぶ）を鯛の尻尾、角《つの》の部分を波に見立て、波の下を仲睦《なかむつ》まじく泳ぐ「夫婦の鯛」に仕立てました。

筑波神社の恵比須さんの絵馬

夫婦鯛工作の手順 1

①本書から台紙を切り外したら、あらかじめ折り線にペーパーナイフやクラフトピックなどで折り筋を入れておきます。

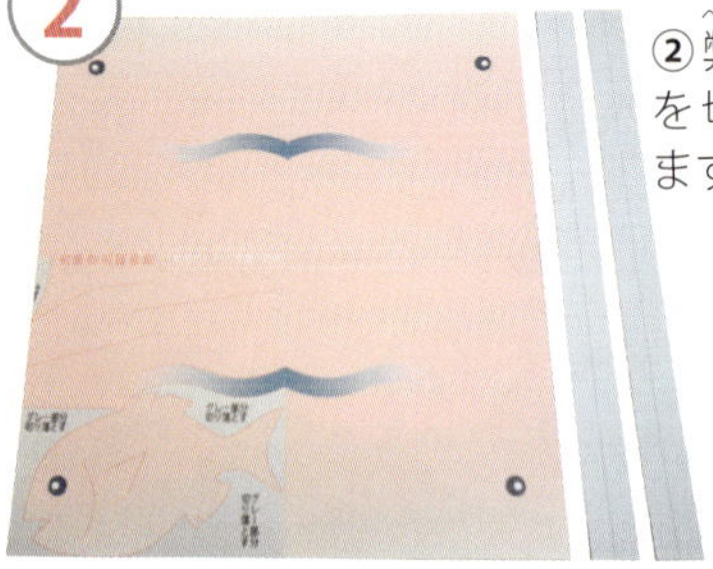

②弊《へい》と弊串《へいぐし》を切り抜きます。

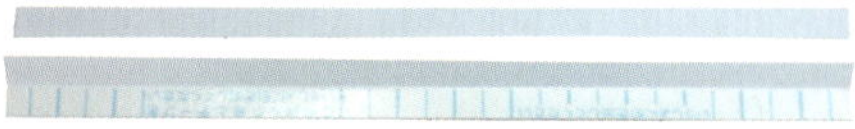

③弊串をそれぞれ縦に折って糊付けし、二本の弊串を作っておきます。写真では両面テープを使っています。

④弊《へい》（本体）を縦に二つ折りします。

⑤弊（本体）をさらに横に二つ折りします。

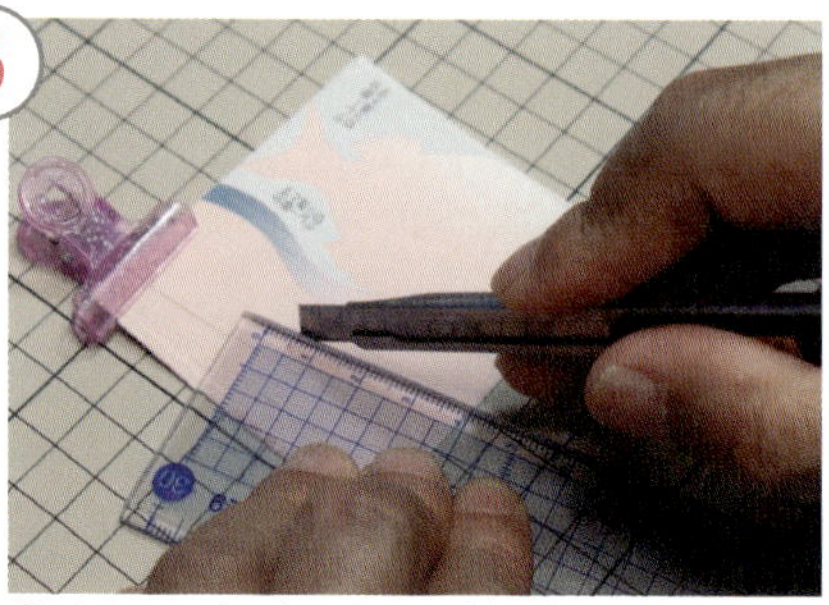

⑥オレンジの切り込み線に切り込みを入れます。紙が四枚重なっているのでていねいに！

⑥紙は一度に切ってしまおうとせず、ゆっくり一番下の紙まで切り込みを入れます。カーブはデザインカッターのほうが切りやすいかもしれません。紙がずれないようにクリップの位置をこまめに変えながら切っていきます。カッターの刃もこまめに折ったり替えるなどして、よく切れる状態にしてください。最終的に四枚が少々ズレていても構いません。

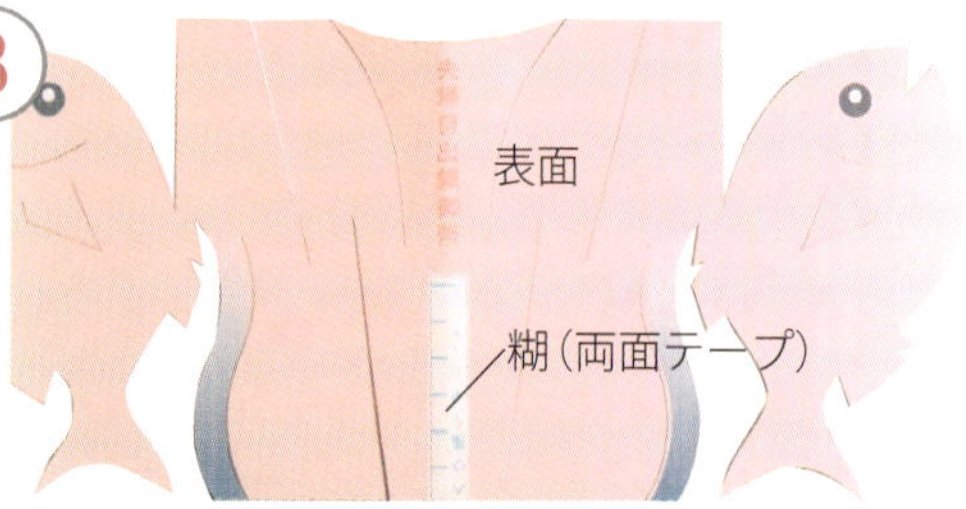

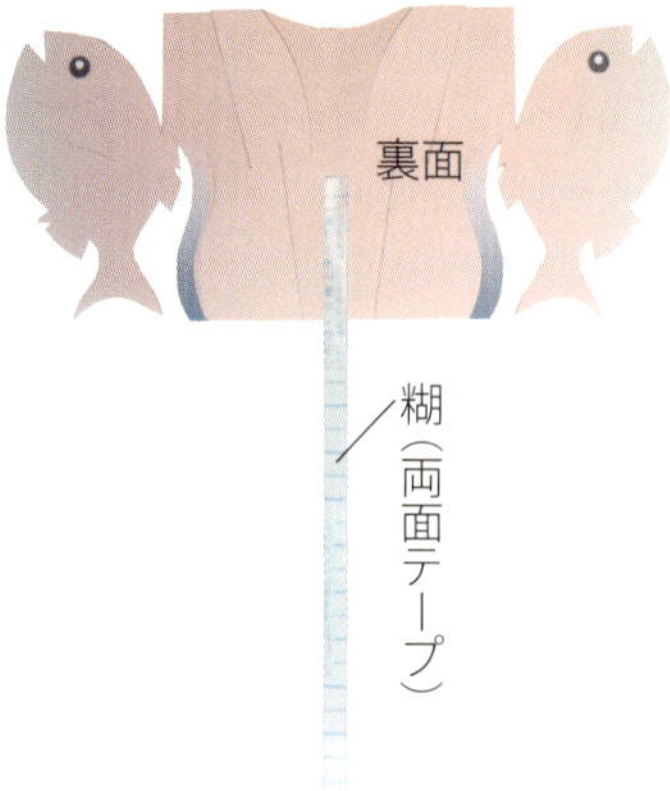

⑦切り終えた弊を広げ、「夫婦目出鯛御幣」の文字がある方を表にします。弊のアタリに糊を付け（写真では両面テープを使用）一本の弊串をに直角に貼り付けます。全体を裏返しにしてもう一本の弊串が当たる部分に糊を付け（写真では両面テープを使用）、裏からもう一本の弊串を重ねます。

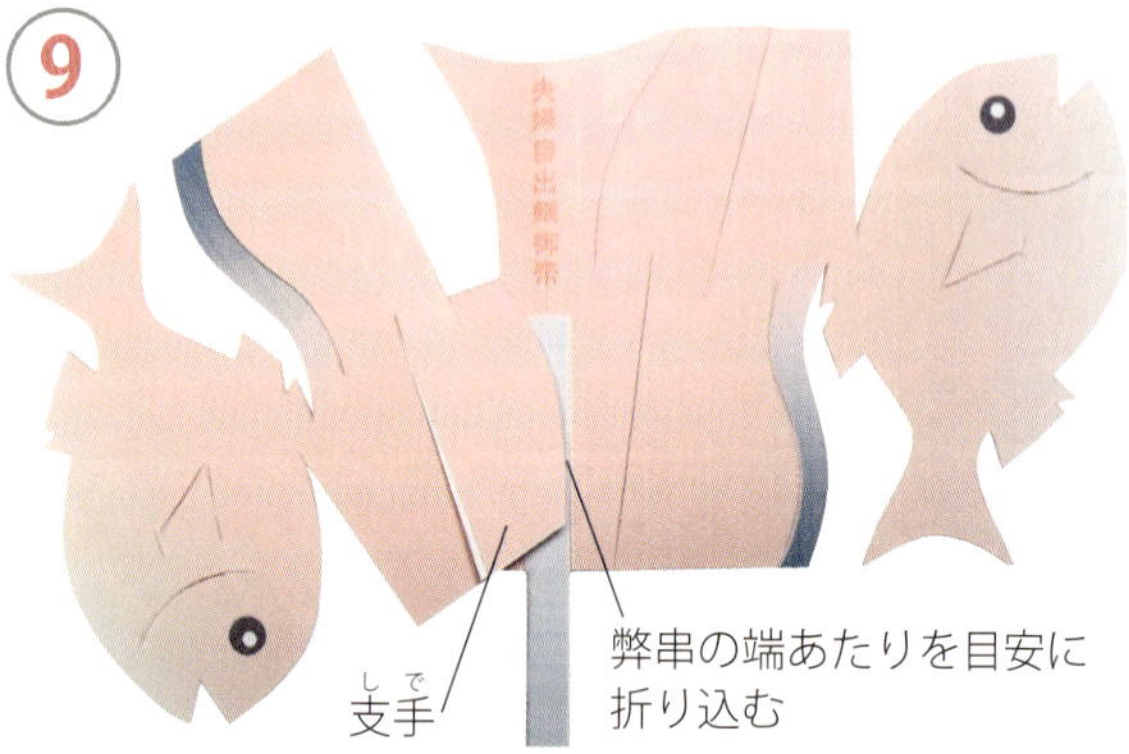

⑨いよいよ弊を折っていきます。左右対称に折りますが基本は向かって左から手前に折り込んでいきます。折る角度は弊串の端あたりに弊の支手が当たる程度です。

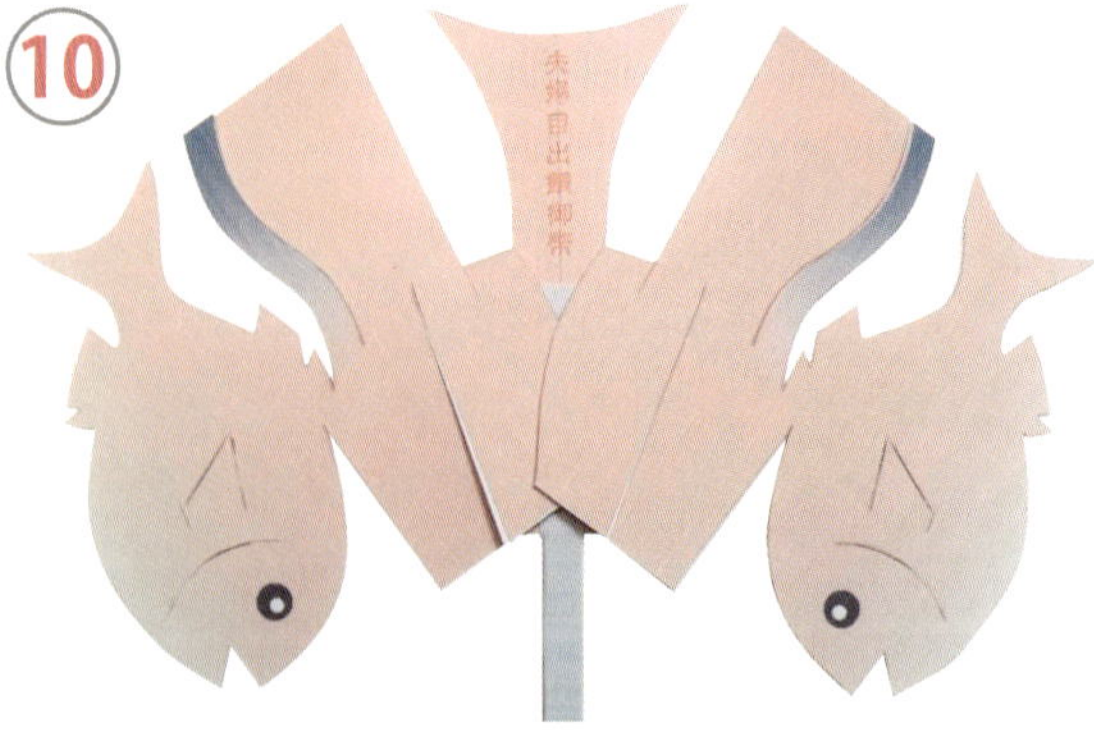

⑩同じような角度で右側の支手も折り込みます。厳密に左右対称にならなくても構いません。

夫婦鯛工作の手順２

11

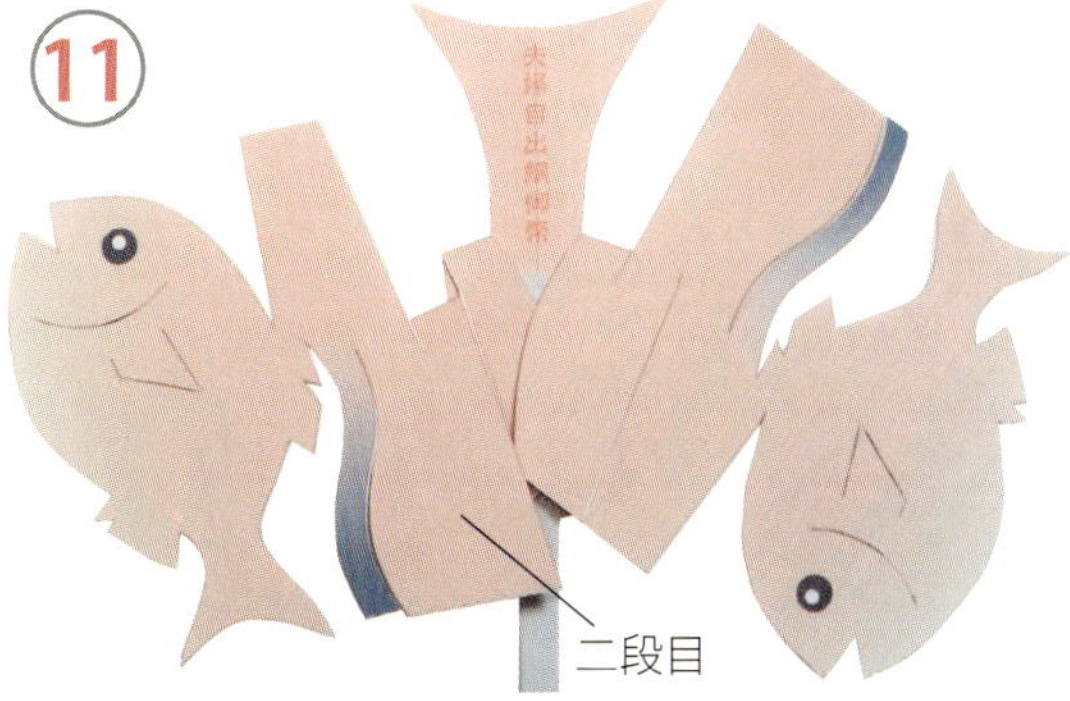

⑪二段目の支手を手前に折り込みます。

⑫同じように右の支手を手前に折り込みます。

12

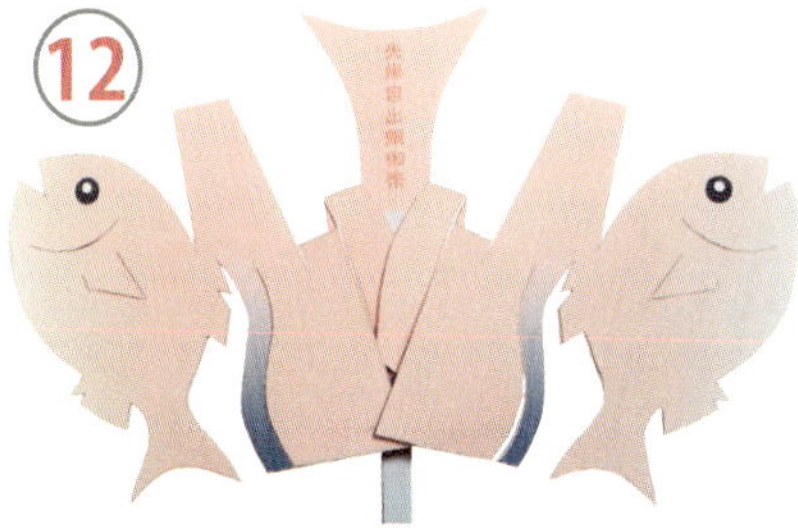

13

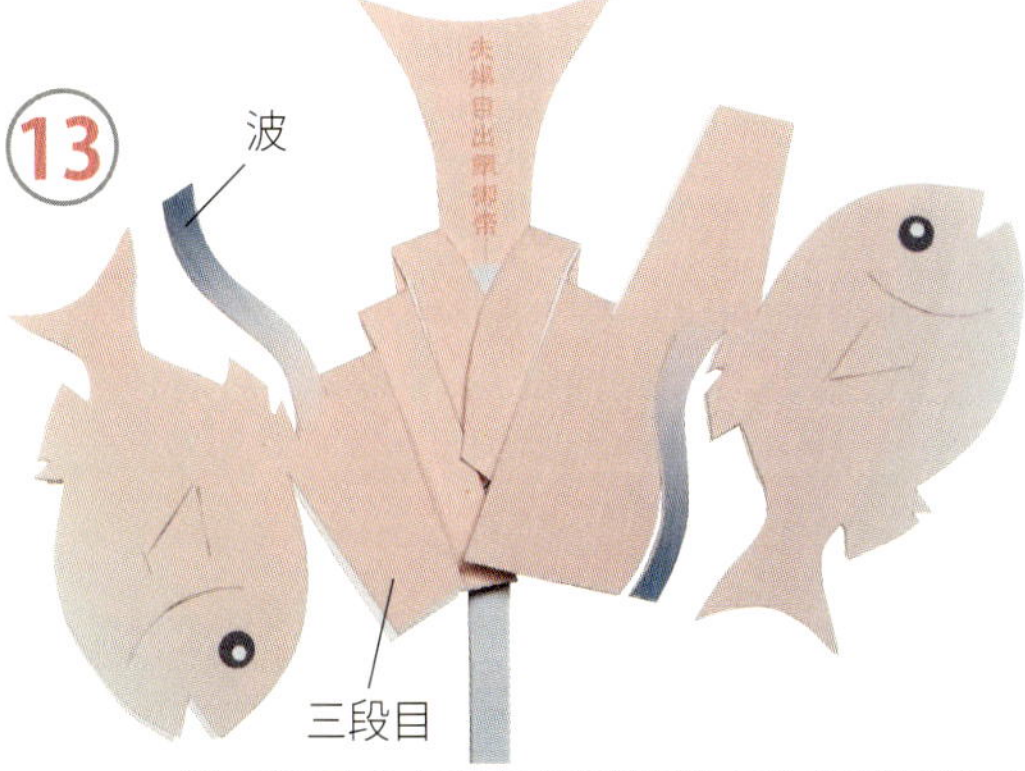

⑬三段目の支手を（波を残して）手前に折り込みます。

14

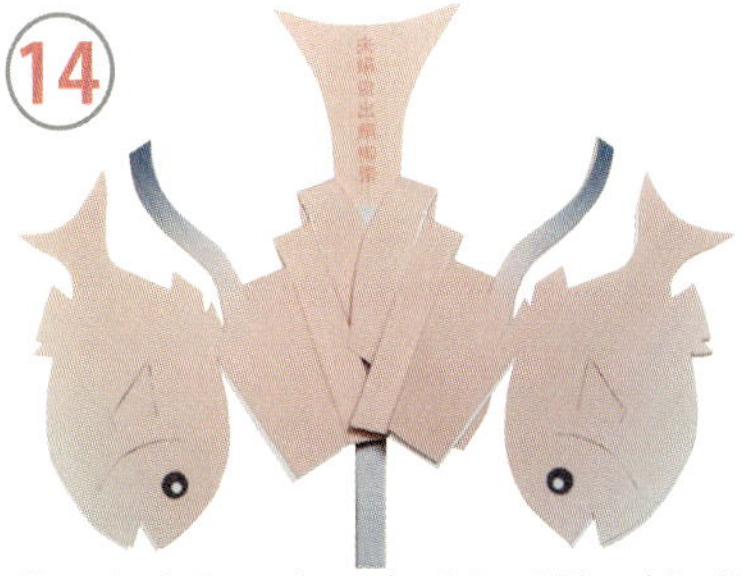

⑭同じように右の支手を手前に折り込みます。

15

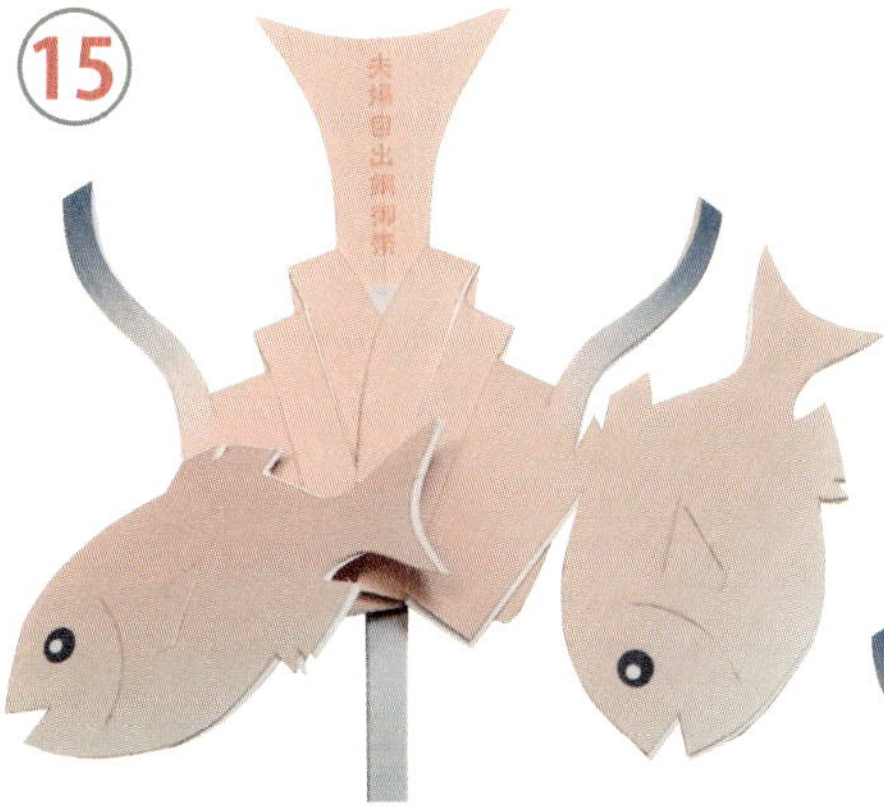

⑮左の鯛（雌鯛）の尻尾を手前の方へ折り込むようにして、頭を外に向けます。折り線には薄い破線が入っています。

⑯右の雄鯛も同じように外へ向けます。

16

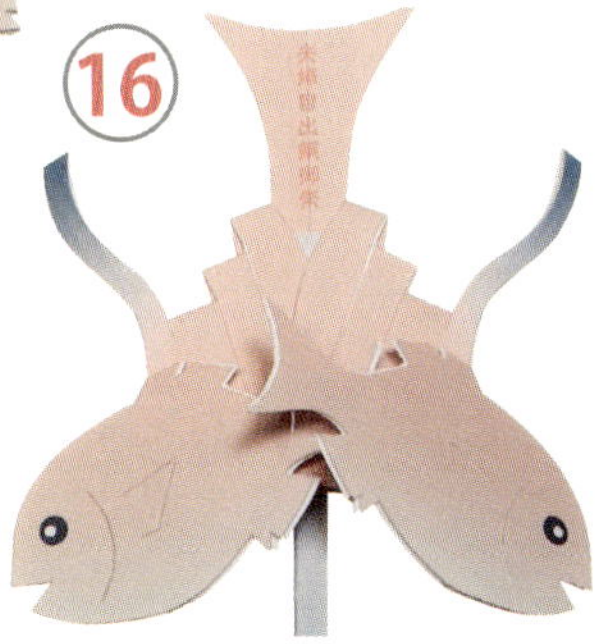

17

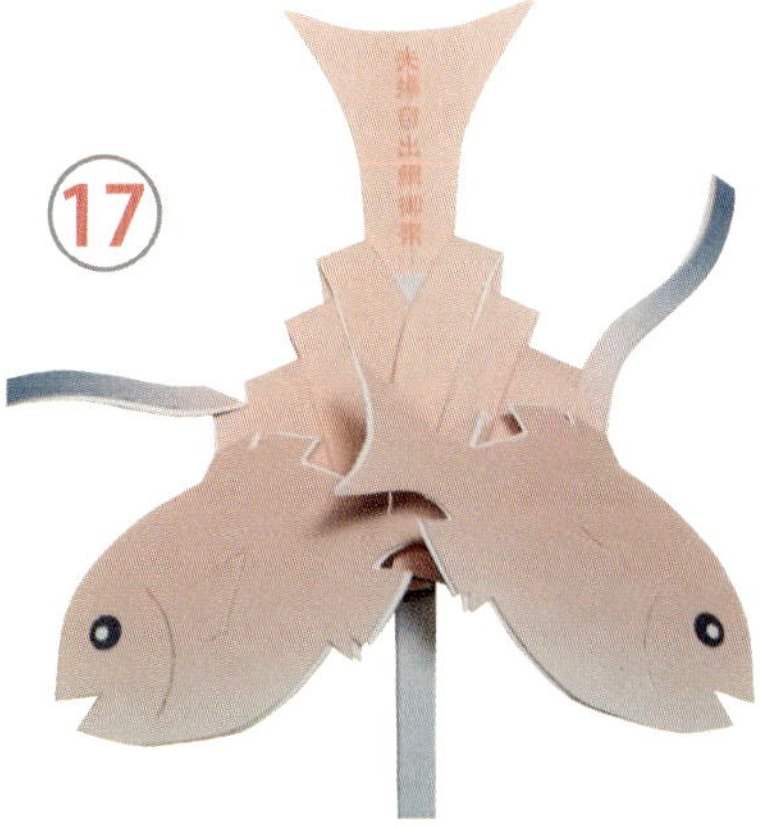

⑰左の波を手前に折りこむようにして外へ向けます。折り線には薄い破線が入っています。

⑱右の波も同じように外へ向けます。

18

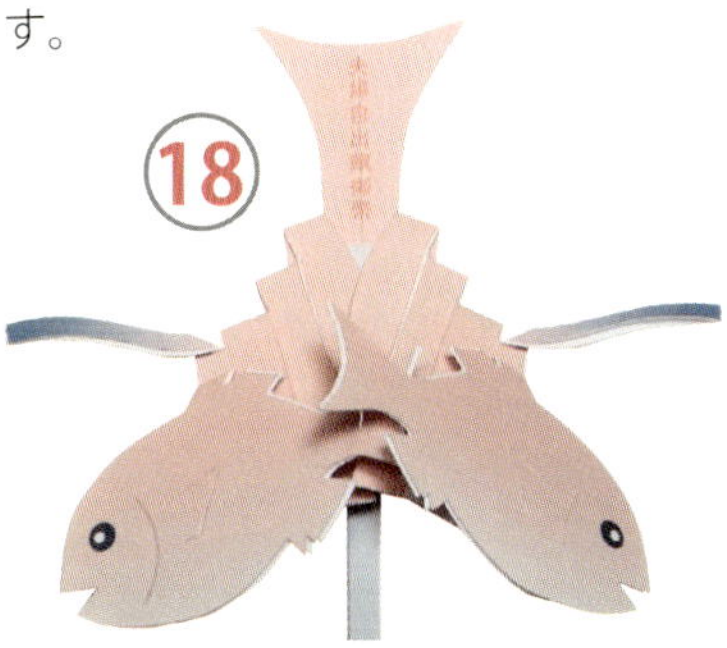

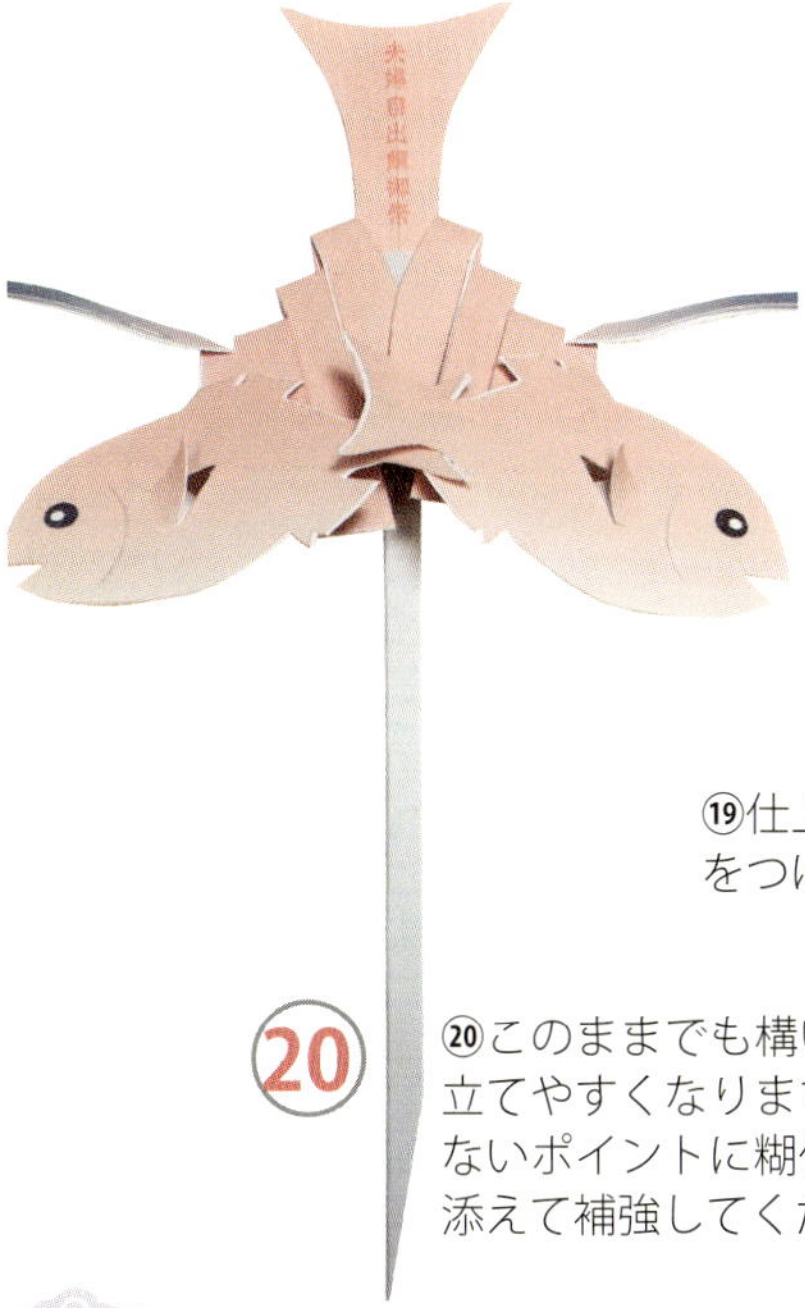

19

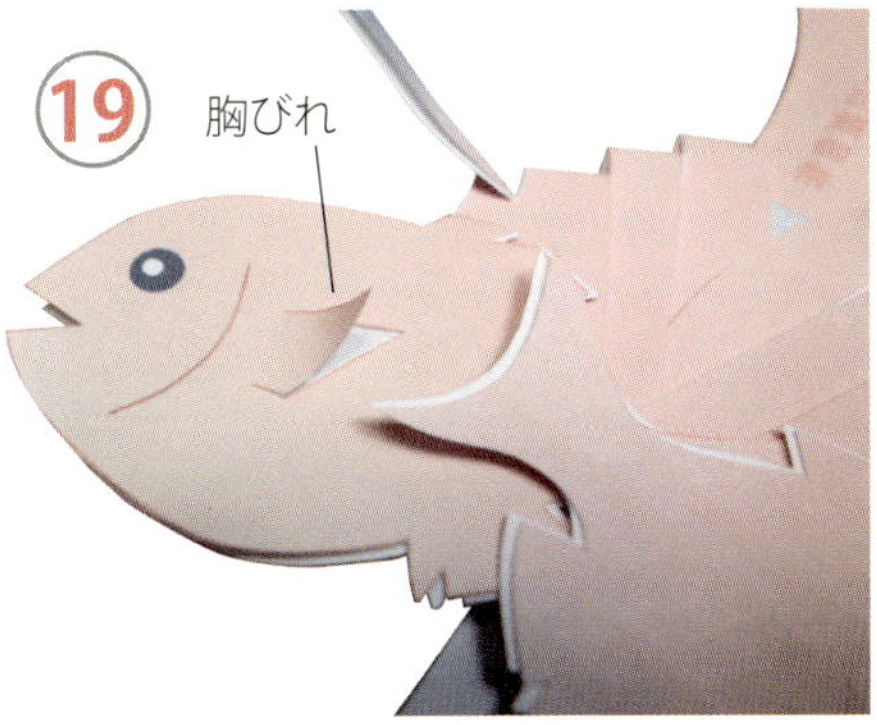

⑲仕上げに胸びれを立てます。直角というより、カールをつける感じで。左右表裏とも同じようにしてください。

20

⑳このままでも構いませんが左写真のように弊串の下部を斜めに切ると、11P 見本のようにカラーサンドなどに立てやすくなります。支手や鯛、波が手前に起きすぎて収まりが悪いようでしたら型押ししたり、正面から見えないポイントに糊付けしても構いません。また、湿気などで弊串が曲がりやすいようでしたら裏側に竹串などを添えて補強してください。

伝統的で美しい御幣が恋を招きます

キッチンからご縁がやってくる三宝荒神《さんぽうこうじん》

台紙は 37 ページ

三宝荒神の祀られている寺社：長野県長野市・善光寺／東京都品川区・海雲寺（千体荒神）奈良県桜井市・笠山荒神社（笠山荒神）／奈良県吉野郡・高野山（立里荒神社）／奈良県橿原《かしはら》市・入鹿神社（小綱町の「すももの荒神さん」）／和歌山県橋本市・光三宝荒神社／大阪府箕面市・勝尾寺／兵庫県宝塚市・清荒神清澄寺

キッチン守護

火伏せ・除災

夫婦和合・子宝

家内安全

この神さまは地域によって信仰もよびかたもさまざまです。民間信仰では竈神《かまどがみ》、荒神《こうじん》さんなどとよばれてきました。三宝荒神とは仏教的なよびかたです。

清浄な場所が好きなので、いつも火があり、清潔に保たれている台所におり、そこから転じて土地や家の守り神として信仰されるようになりました。火に関わりがあることから長野県の善光寺などではお寺を火事から守る神さまとして祀られています。

荒神さんは三体の神さま、または三面を持つ神さまとして祀られます。ベトナムの竈神も三体で描かれています。

現代では竈のある家は姿を消しましたが、荒神さんがいなくなったわけではありません。清潔なキッチンに荒神さまをお招きすれば、きっと喜んでくださるはずです。料理の腕も上達間違いなし！

人々は正月になると荒神さまに松の葉や鶏を描いた絵馬を供えていました。この御幣《ごへい》にも松と鶏をあしらいました。

長野県善光寺の三宝荒神

三宝荒神工作の手順 1

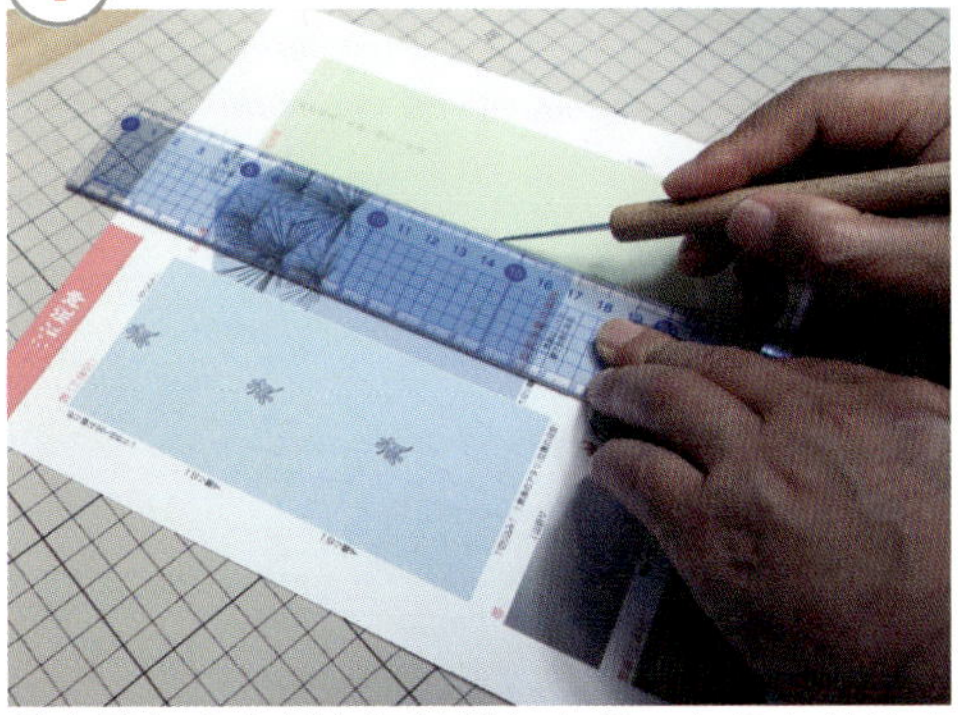

①本書から台紙を切り外したら、あらかじめ点線部（折り線）にペーパーナイフやクラフトピックなどで折り筋を入れておきます。弊の折り線は三枚に切り離してから入れます（④）。

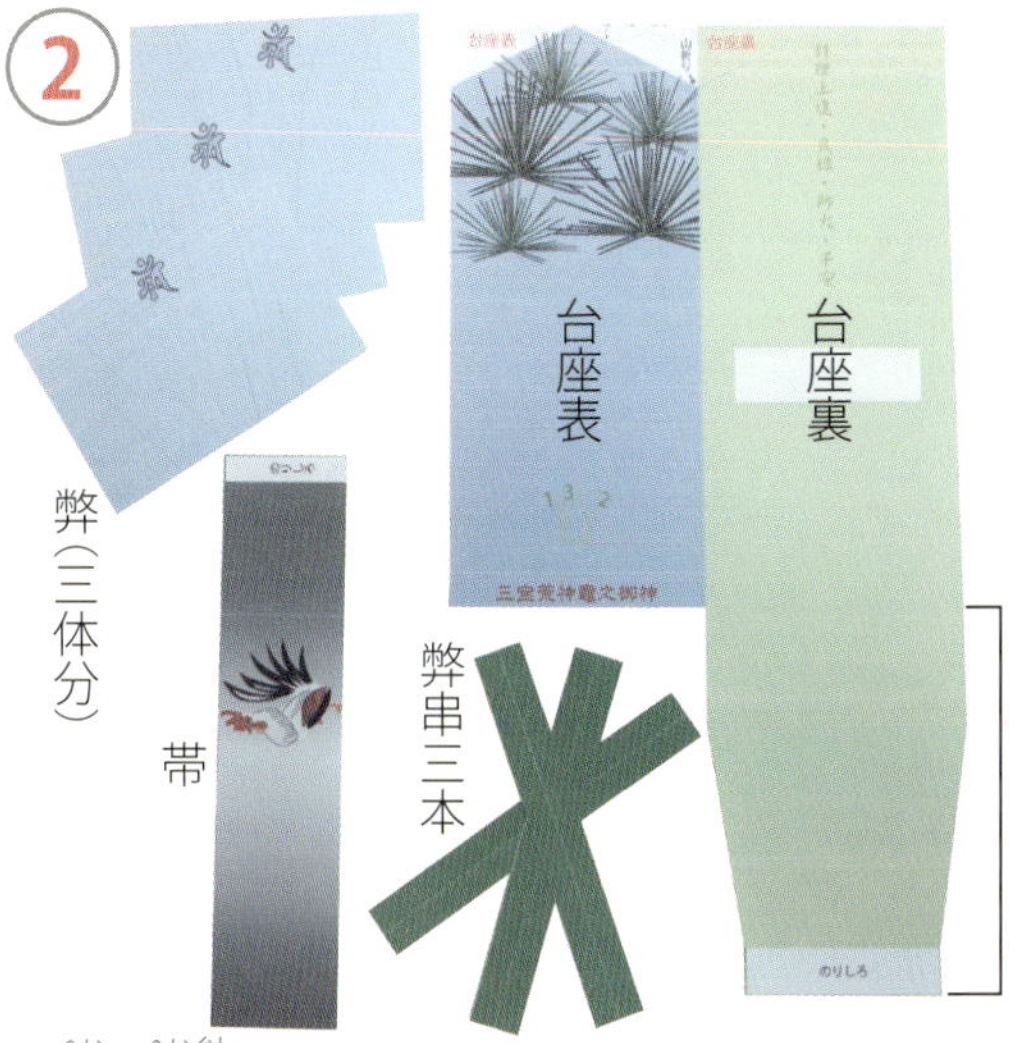

②弊《へい》と弊串《へいぐし》などを切り抜きます。
三宝荒神は三体の御幣を立てるので弊と弊串が三組あり、ほかに台座と帯があります。

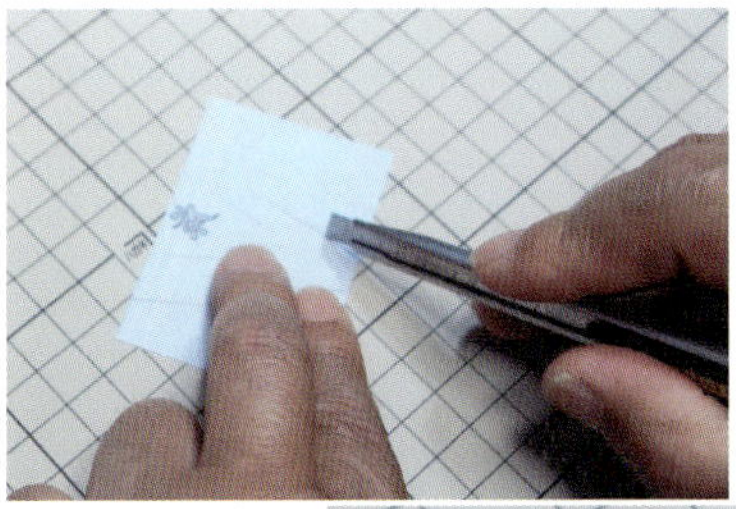

③弊に切り込みを入れます。ハサミで切っても構いません。
右写真のように切り込み線の両端にピックで小さな穴を開けておくと目安になります。

④弊の白い破線部分に折り線を入れます。ここは細かくて面倒ですが、しっかり定規に当てて折り型をつけておくと以下の作業が楽ですし、仕上がりもきれいです。

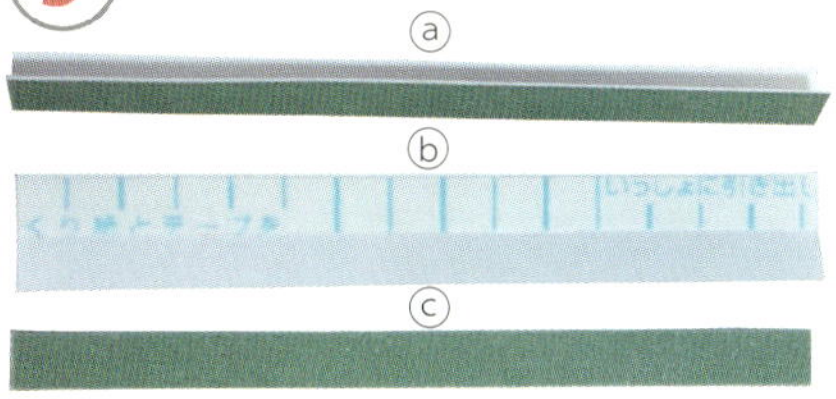

⑤弊串を作ります。ⓐのように折り癖をつけてから糊付けします。写真ⓑでは両面テープを使用しています。貼り合わせたⓒを三本つくります。

⑥弊のアタリ（種字の下の白線）に弊串を貼ります。種字は「ケン」と読み、荒神をあらわします。

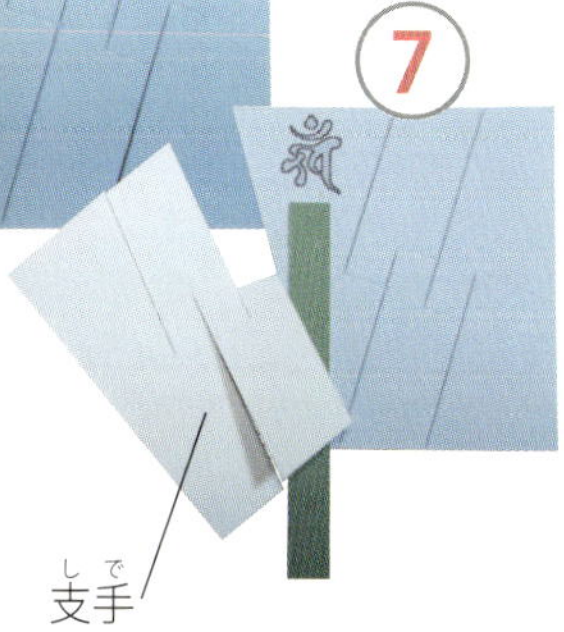

⑦弊一段目の弊を手前に折り込みます。
⑧続いて左を折り込みます。左右の支手は向かって左からが基本です。

⑨⑩⑪⑫の順で二段目三段目の弊を折り込んでいきます。

⑬⑭と四段目の弊を折り込みます。同じ手順で三体の御幣を仕上げます。

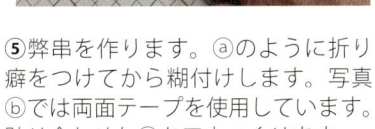

三宝荒神工作の手順２

19

⑲帯を巻きますが三宝荒神を　**ⓐキッチンの壁（タイルなど）に直接貼るか、ⓑスタンド型にするか**で手順が異なります。
いずれにせよ帯は「三宝荒神竈之大神」の文字の少し上に引いてある白い線（⑮の下写真）に帯の下がくるように巻きます。

20

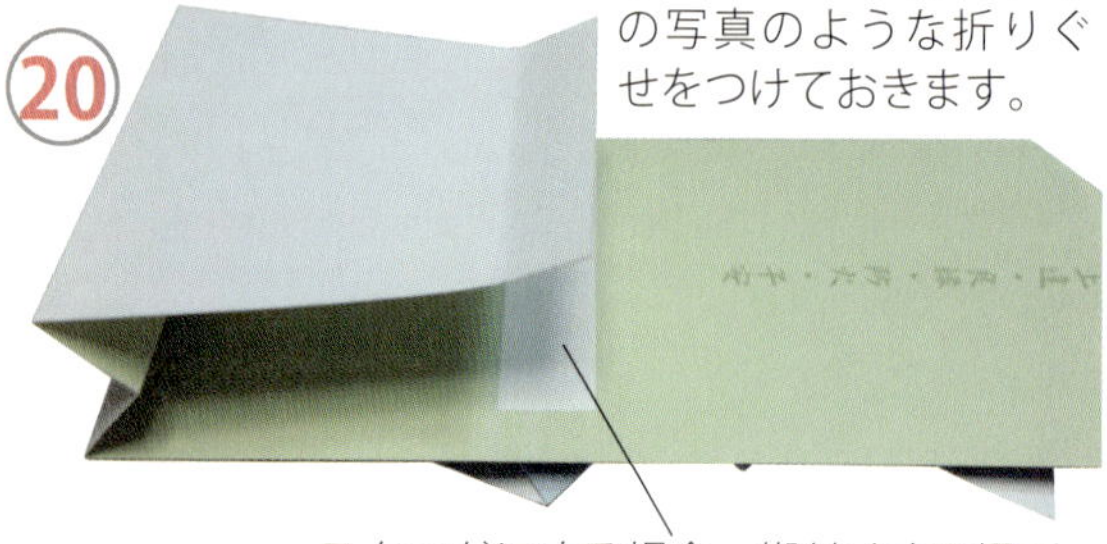

⑳スタンド部分に、下の写真のような折りぐせをつけておきます。

21 ⓐ壁貼りタイプ

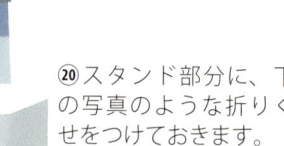

㉑お札《ふだ》としてキッチンの壁などに直接貼る場合はスタンド部を折りたたんだまま帯で押さえます。帯はその後に糊付けします。後日スタンドタイプとしても飾る場合は、帯が抜けるよう、帯と台紙は糊付けしないでください。

キッチンの壁に貼る場合は火気の届かない場所を選んでください。

22 ⓑスタンドタイプ

㉒スタンドタイプの場合は、帯を巻いてからスタンド部と台紙を糊付けします。

15

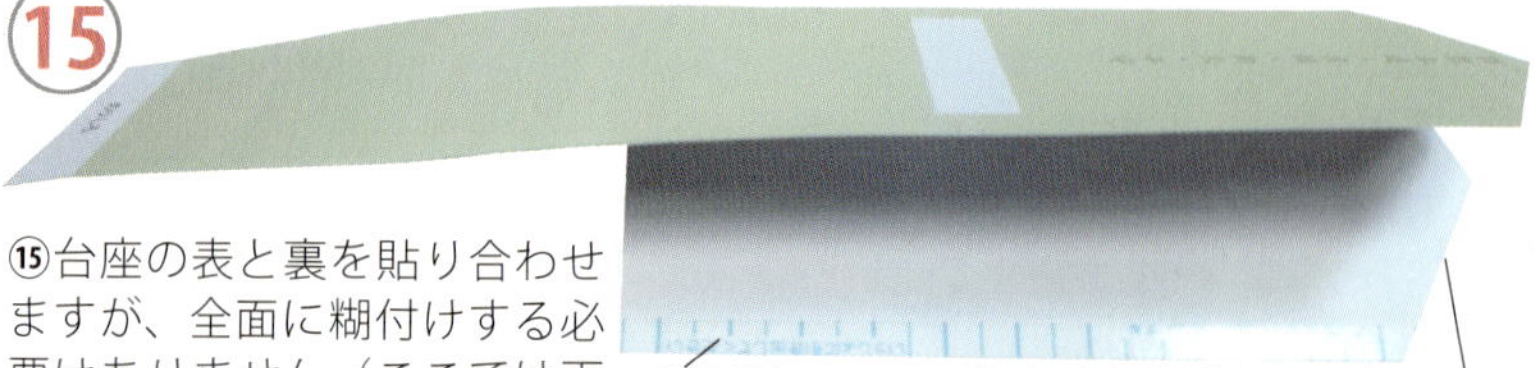

⑮台座の表と裏を貼り合わせますが、全面に糊付けする必要はありません（ここでは両面テープを使っています）。
貼り合わせたら頭の部分を三角に切り落とします。写真では便宜上、糊付けする前に切ってあります。下の写真は貼り合わせた後の表面です。

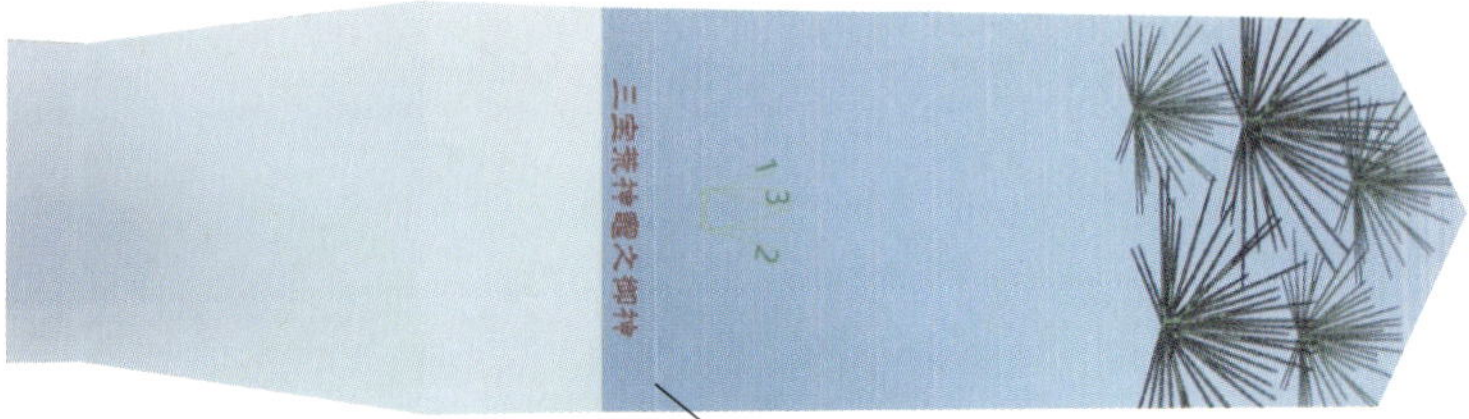

16

⑯台座に御幣《ごへい》を貼っていきます。最初は向かって左から弊串のアタリ（1、2、3 と順番がふってあります）に合わせます。御幣の頭部（鏡）が少し台座から出るようにしてください。
台座に貼り付けるとき、糊は弊串全体に付けず、下 1/3 程度にします。後に掛ける帯で見えなくなる部分はセロテープなどで押さえても構いません。

17

⑰二本目の御幣は右に貼ります。アタリ２に合わせ、御幣頭部の出具合が一本目と対象になるようにしてください。支手が絡まらないよう、全体を一本目の上に上に重ねます。

18

⑱三本目の御幣は中央に貼ります。アタリは見えなくなっていますから感覚で貼ってください。一、二本目の支手をうまく押さえながら貼ってください。御幣が飛び出しそうで落ち着きませんが、次の工程で帯を回すことにより安定します。

伝統的で美しい御幣が恋を招きます

子授け・子育て 鬼子母神《きしもじん》

台紙は 39 ページ

子授け・安産

子育て

人に好かれる女性になる

夫婦円満・子孫長久

鬼子母神の祀られている寺社：東京都豊島区・雑司が谷鬼子母神（法明寺）／東京都台東区・入谷鬼子母神（真源寺）／東京都目黒区・正覚寺／山梨県南巨摩郡・久遠寺（鬼子母神堂）／滋賀県大津市・三井寺（護法善神堂）／香川県善通寺市・金倉寺（四国八十八霊場第七十六番）／愛媛県松山市・石手寺（四国八十八霊場第五十一番）／宮崎県都城市・摂護寺

■訶梨帝母《かりていも》菩薩ともよばれます。もともとはインドの鬼一族の出で人間の子供を喰う鬼女でした。子だくさんで自分の子は五百人（千人、一万人という説も）もいましたが釈迦にそのうちの一人を隠されてから嘆き悲しみ前非を改め、全ての女性や子供たちの守護神となったのです。

■その姿は子供を抱いた天女のような美しい姿で表現される場合と、鬼女の姿で表現される場合があります。いずれにしても女性に人気のある神さまです。

■中に種の多いザクロ（吉祥《きちじょう》果《か》）が鬼子母神のシンボルで、鬼子母神を祀《まつ》る寺院やお堂の紋などにも見られます。人間の子供の味がするので、代わりにこれを食べるようになったともいわれますが、代替物で我慢するようでは本当に悔い改めたとはいえませんから、やはりザクロは「子だくさん」のイメージからきているのでしょう。

■御幣《ごへい》は美しく優しいイメージのピンクと黄。宝珠《ほうじゅ》型の頭部の種字《しゅじ》は「ロ」、交差する剣は幼児を抱く姿を表し、支手《しで》の先にはザクロをあしらっています。

雑司ヶ谷の鬼子母神像は鬼女の姿を残す

鬼子母神工作の手順１

1

①本書から台紙を切り外したら、あらかじめ点線部（折り線）にペーパーナイフやクラフトピックなどで折り筋を入れておきます。紙を傷つけない程度の力で！

2

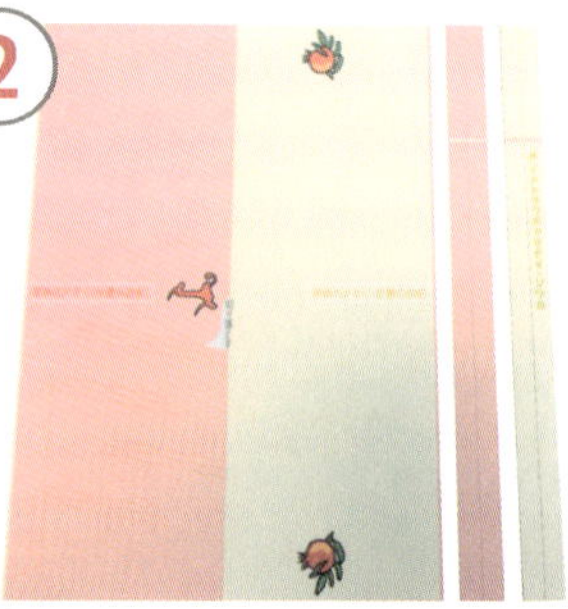

②弊《へい》と弊串《へいぐし》を切り抜きます。

3

③ピンクと黄の弊串を縦二つ折りして糊付けします。写真では両面テープを使っています。

4

④弊《へい》（本体）を縦に二つ折りします。

5

⑤弊（本体）をさらに横に二つ折りします。

6

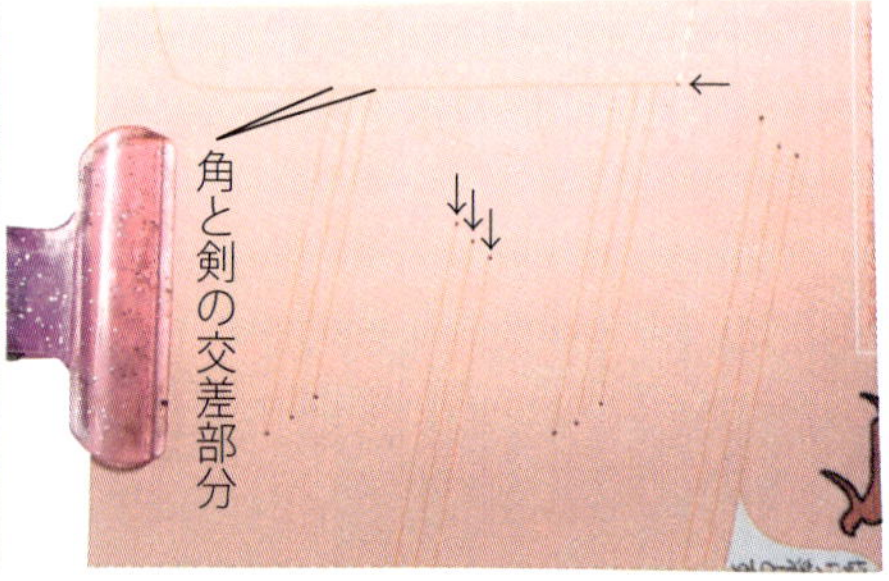

⑥角《つの》（折り込まずに残す細い部分）を切っていきます。細かい作業なので切り始めのポイントにクラフトピックで目印（→）を付けておきます。こうしておくとカッターの刃先で探るときのめやすになります。角は装飾としても美しいものですが、もとは神さまの持ち物や細く切られた支手を表現していたといわれます。

7

両面の剣を折り曲げてから角を切る。裏面の剣は逆に折って重ねます。

⑦角（下写真）と剣が交差する部分（上写真）は切りにくいので、あらかじめ左の写真のように剣を折り線に沿って折り曲げておきます。

⑧切り終えた弊を広げ、ピンクの弊串をアタリに合わせて貼ります。黄色のラインも合わせてください。

8

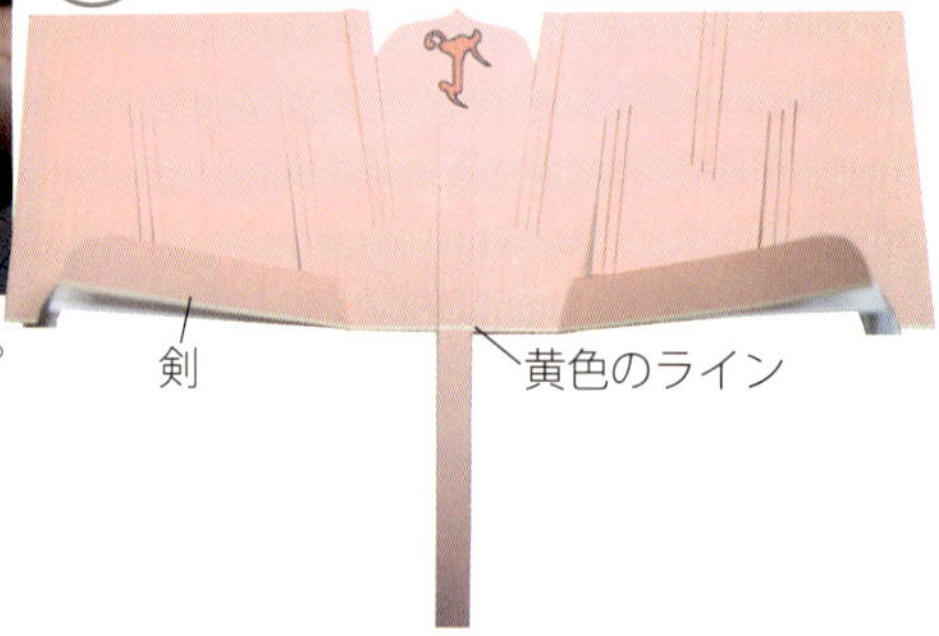

9

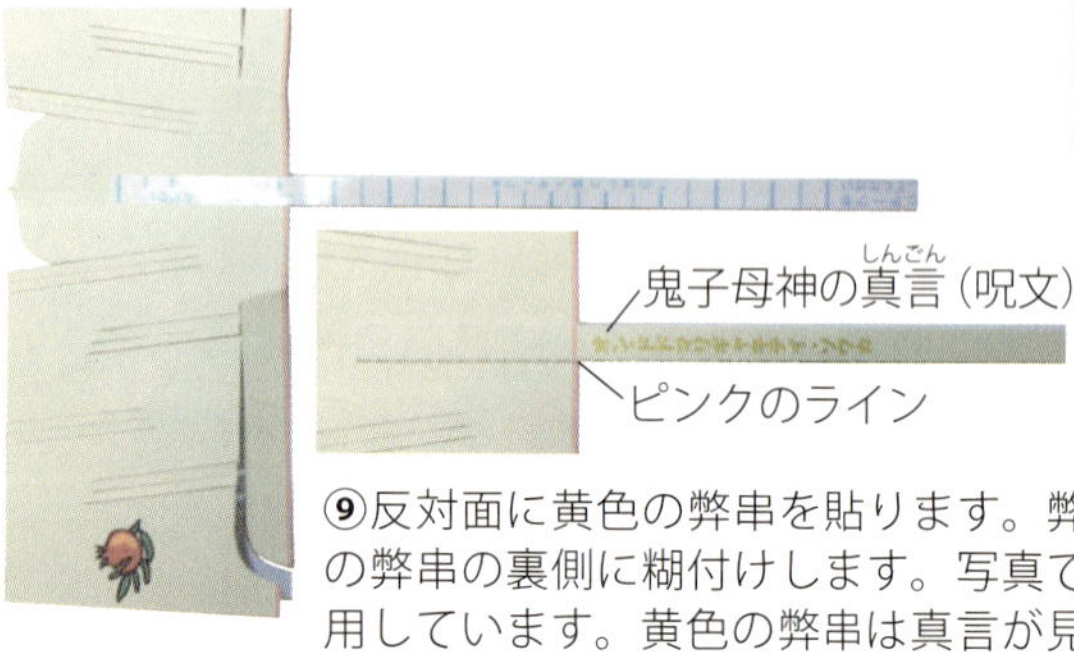

⑨反対面に黄色の弊串を貼ります。弊のアタリとピンクの弊串の裏側に糊付けします。写真では両面テープを使用しています。黄色の弊串は真言が見える側を表にしてピンクのラインにも合わせるようにします（上写真）。

10

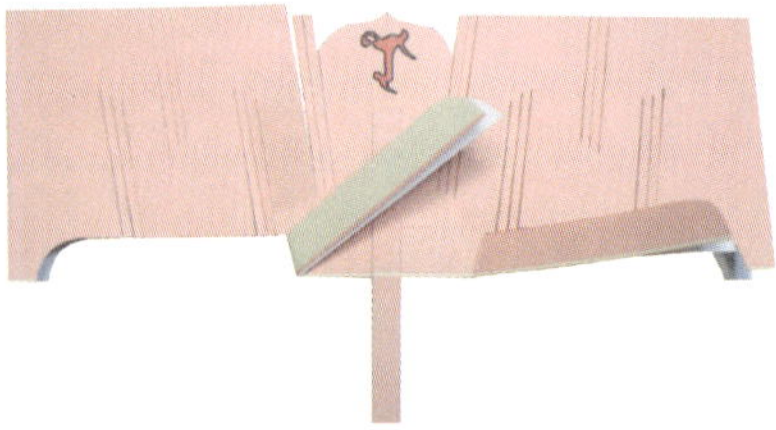

11

⑩いよいよ弊を折っていきます。左の剣を起こすようにして手前に折ります。
⑪角を残し、剣の上を覆うように左一段目の支手を手前に折り込みます。このとき支手の端が弊串より出るような角度で折ります。

12

⑫右の剣も同様に折り込みます。大切な子供を抱いているようなイメージです。

⑬右一段目の支手を折り込みます。ただし、このとき左の剣が引っかかりますので左右の剣の間をくぐるようにしてていねいに折り込みます。

13

一段目の右支手

右の剣

左の剣。一段目の右支手を折り込むとき、左の剣が引っかかるので、左右の剣を起こし直し、その間に右支手を入れるようにします。

14

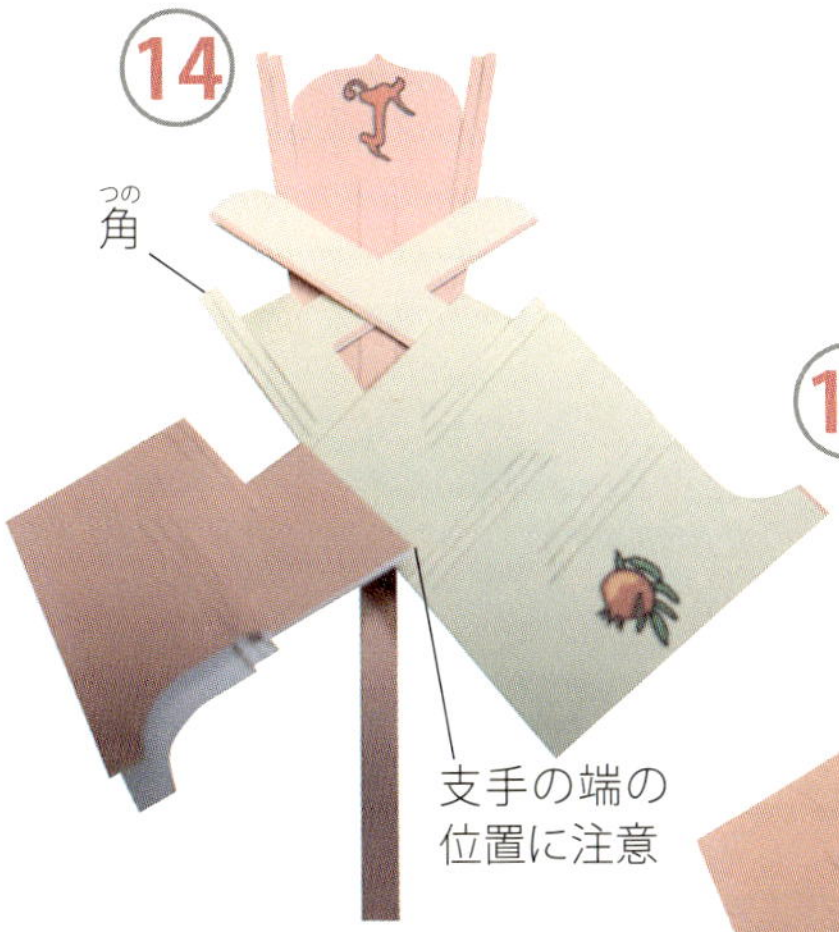

角《つの》

支手の端の位置に注意

⑭左の二段目の支手を手前に折り込みます。角は残しておきます。支手の端は一段目と同じように弊串を少し越える位置に。

15

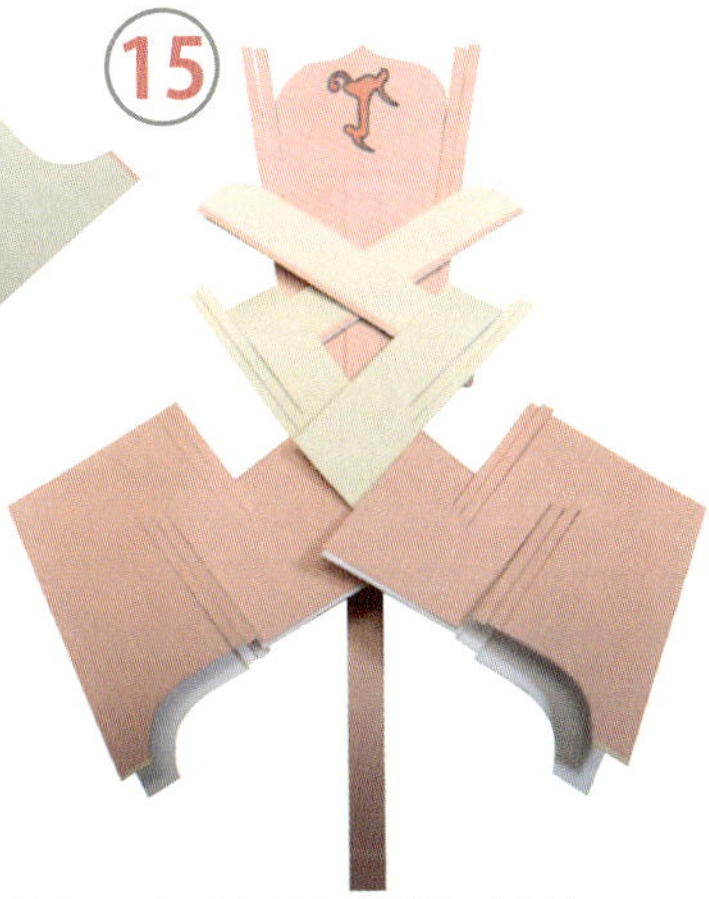

⑮右の支手を同じ要領で折り込みます。

種字《しゅじ》（梵字《ぼんじ》）は一文字だけでその仏尊を表します。これは「ロ」と発音し、鬼子母神の種字です。

16

⑯左の三段目支手を手前に折り込みます。角は残しておきます。上の写真では分かりづらいかもしれませんが、三段目は弊串を越えない程度の角度（右写真）にします。

17

三段目の支手の端は弊串を越えない程度の角度で。

⑰右の三段目支手を同じ要領で手前に折り込みます。四段目の支手は折らずにそのまま残します。

18

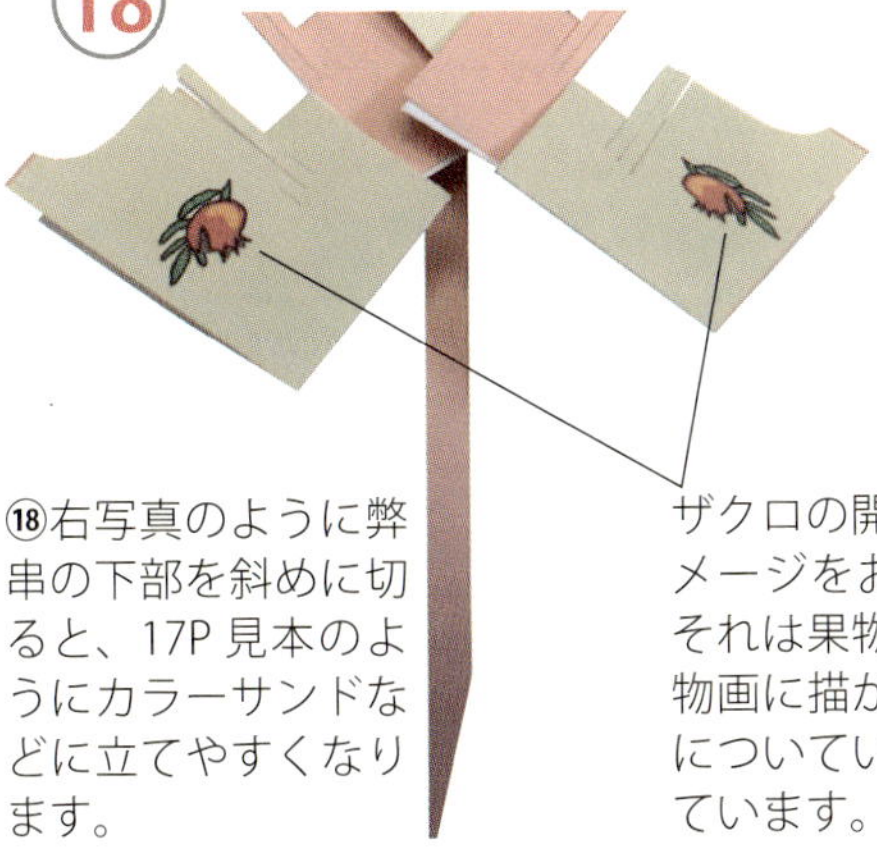

⑱右写真のように弊串の下部を斜めに切ると、17P 見本のようにカラーサンドなどに立てやすくなります。

ザクロの開口部は上に向いているイメージをお持ちかもしれませんが、それは果物店に置いてあったり、静物画に描かれたものです。実際に木についている果実は一般に下を向いています。

卓上に飾るあなたの守り神

おおらかに縁を結ぶ塞《さえ》の神

台紙は41ページ

塞の神や道祖神は全国各地に分布します。双体道祖神の多い地域は長野、山梨、静岡、神奈川、群馬など。他にも、ただの丸石だったり、「塞の神」「道祖神」「猿田彦大神」など、文字だけを彫ったものなどもあります。また、わら人形や木で男女の人形を作りドンド祭りで焼いてしまう地域もあります。神奈川県伊勢原市の道祖神祭りは大根や人参で作った男女の性器を供えます。

縁結び

子授け・安産

旅行の守護

悪霊退散

■中部地方では男神と女神が仲睦《なかむつ》まじく並んでいる形態が有名で、一般に道祖《どうそ》神《しん》として庶民に信仰されています。

■ほかにも道陸神《どうろくじん》、衢《ちまた》の神《かみ》、岐《くなど》の神《かみ》、金精様《こんせいさま》（男女の性器の形）、夫婦神の猿田彦命《さるたひこのみこと》と天鈿女命《あめのうずめのみこと》などともよばれます。もともとは村や町の境・辻を守り、悪霊や病魔、害虫の侵入を防ぎ、道行く人々を守護し、旅人を目的の場所へ案内する神さまでした。

■ドンド焼きやサギチョウなどの祭りでは子供たちによって祀《まつ》られることもあるため、子供の守護神、縁結び、子授け、安産、豊穣《ほうじょう》の神ともなりました。

■明治時代以降に西洋の道徳観・貞操観が入ってくるまで、日本人は性を豊穣《ほうじょう》（豊かさ）につながるものとして、おおらかに開放的に捉えていたのです。

■ここでは仲睦まじい双体神として表現し、背景に神のお使いである夫婦の鴉《からす》を配しました。

神奈川県伊勢原市の文字道祖神

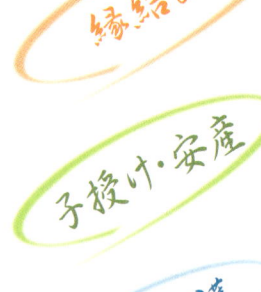

塞の神工作の手順

①本書から台紙を切り外したら、あらかじめ点線部（折り線）にペーパーナイフやクラフトピックなどで折り筋を入れておきます。紙を傷つけない程度の力で！

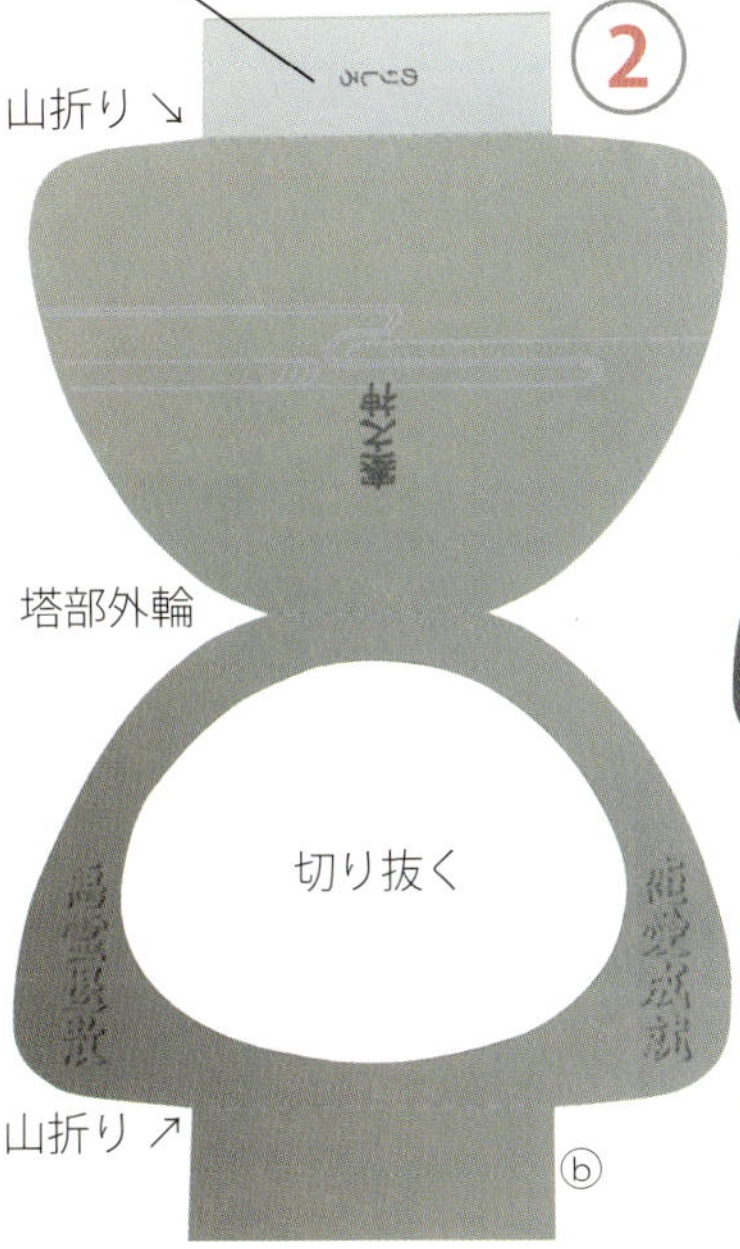

②尊像部と塔部外輪を切り出し、塔部外輪の正面楕円部を切り抜きます。

尊像部の下部、のりしろ部分に切り込みを入れ、写真③のように山折り・谷折り・山折りの状態にします。

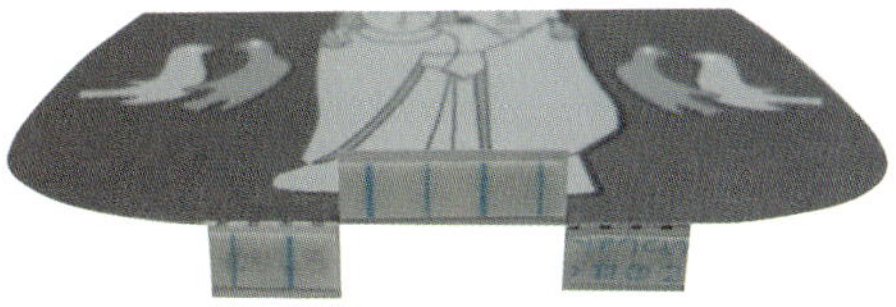

③折った部分に糊をつけます。写真では見やすいように両面テープを使っていますが、貼った後ある程度位置を修正できるボンドなどの方が処理しやすいかもしれません。

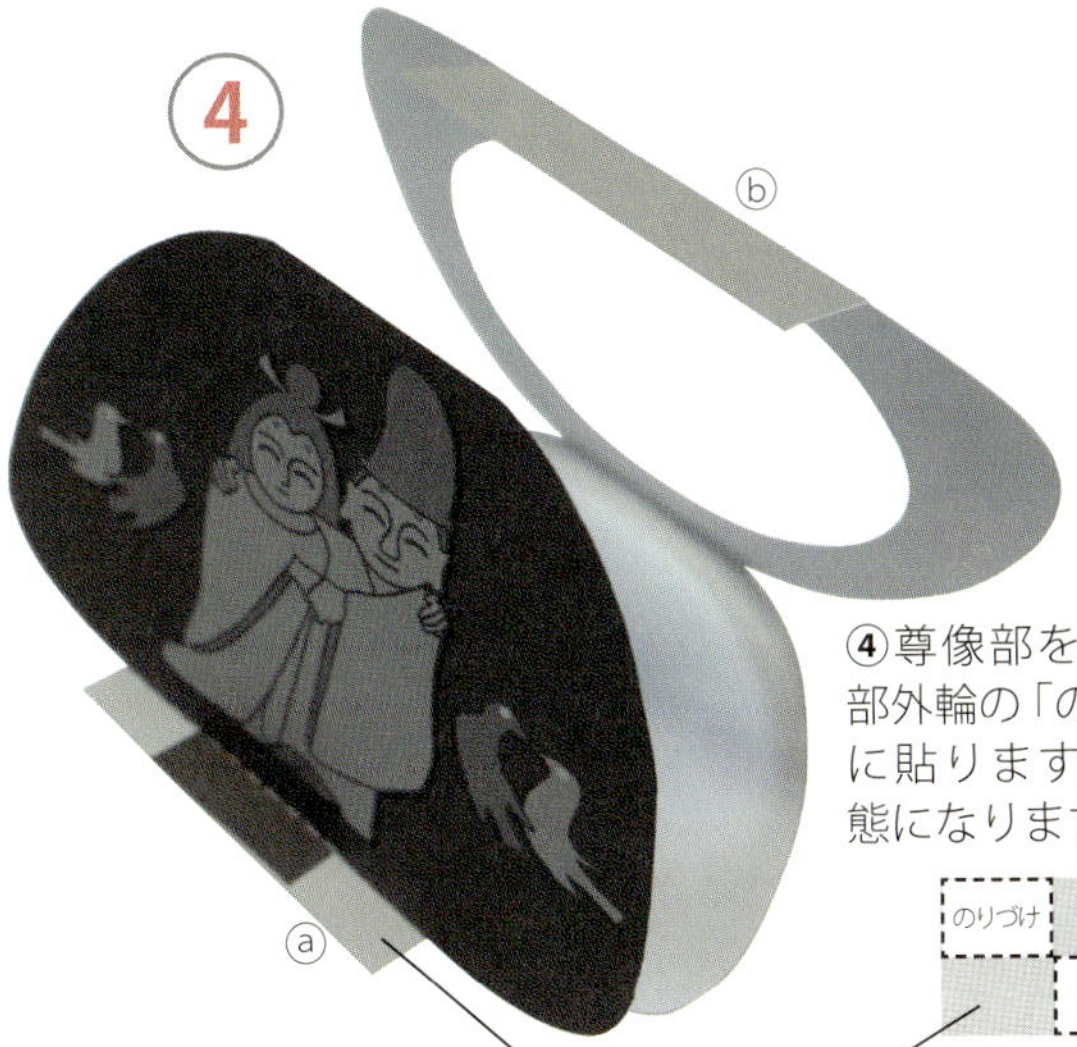

④尊像部を左写真の位置（塔部外輪の「のりしろⓐ」の裏側）に貼ります。下図のような状態になります。

⑤塔部外輪「のりしろⓐ」とⓑを貼り合わせます。写真では見やすいように両面テープを使用しています。

⑥以上で完成です。横から見ると右写真のようになります。

良縁・縁結びの伊邪那岐命《いざなぎのみこと》・伊邪那美命《いざなみのみこと》

台紙は 43 ページ

伊邪那岐命・伊邪那美命の祀られている神社：福島県・伊佐須美神社／茨城県つくば市・筑波山神社／東京都千代田区・東京大神宮／東京都台東区・今戸神社／石川県白山市・白山比咩《しらやまひめ》神社／滋賀県犬上郡・多賀大社／三重県熊野市・花窟《はないわや》神社（伊邪那美命《いざなみのみこと》の御陵といわれる）／兵庫県津名郡・伊弉諾神社／沖縄県那覇市・波上宮《なみのうえぐう》（伊弉冊尊）

■伊邪那岐命《いざなぎのみこと》（伊弉諾尊）・伊邪那美命《いざなみのみこと》（伊弉冉尊）は神話で有名な国造りの夫婦神です。若い女性に人気の東京大神宮や今戸神社も、じつはこの夫婦神を祀っているからこそ縁結びのご利益があるといわれています。

■伊邪那岐命《いざなぎのみこと》は天の浮き橋の上に立ち、海に漂う脂のようなものの中に天沼矛《あめのぬぼこ》を突き降ろしてこおろこおろと掻き混ぜて引き上げます。矛の先から塩が滴《したたり》落ち、それが積もって島ができます。

■夫婦神はここに降り立ち、太い柱を立て、その周りを巡りながら次々と国や島、神々を生んでいきます。

■やがて伊邪那美命《いざなみのみこと》は火の神を産んだため股間を焼いて亡くなり、黄泉《よみ》の国（死の世界）へ旅立ちますが伊邪那岐命《いざなぎのみこと》も愛妻を追って死の国までいきます。最後は生と死の世界を叉《また》に掛けた夫婦ゲンカになってしまうのですが、この男女神が織りなす壮大なロマンスこそ、私たちの感性の源流なのです。

筑波山神社の両大神

伊邪那岐命・伊邪那美命工作の手順

①本書から台紙を切り外したら、あらかじめ点線部（折り線）にペーパーナイフやクラフトピックなどで折り筋を入れておきます。

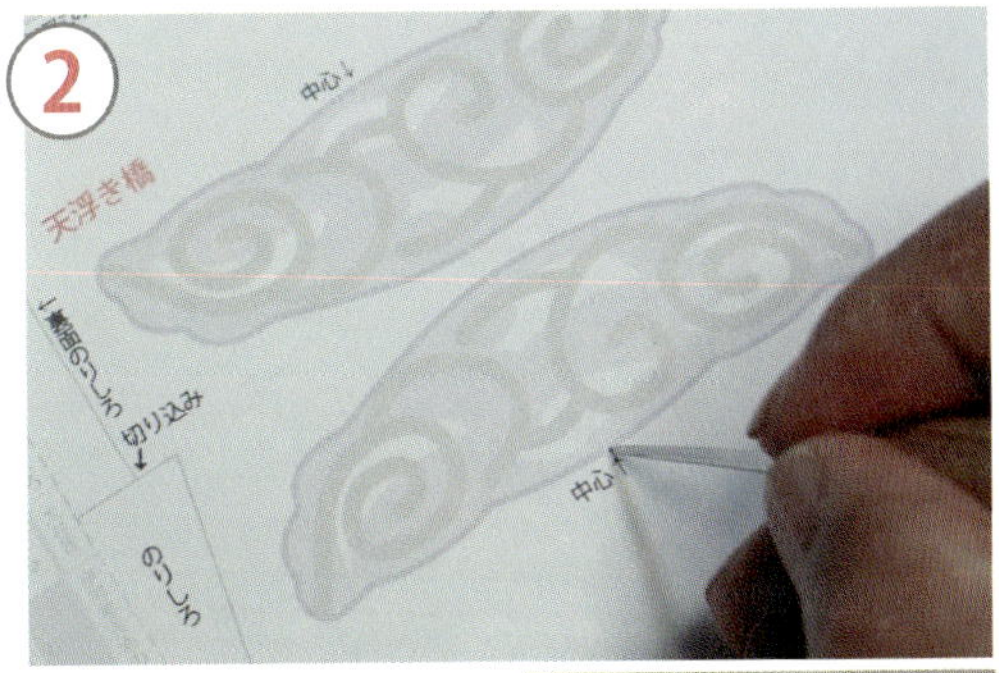

②天の浮き橋（紫雲）の中心部にピックでマーキングし、裏面に垂直線を引いておきます。

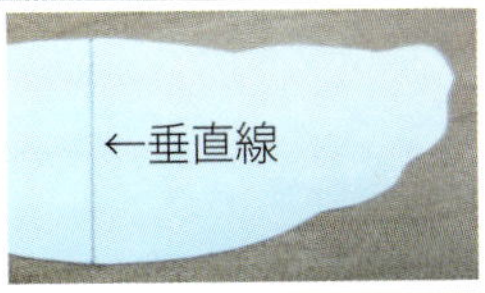

③男女神を切り抜く場合、慣れた人ならデザインカッターの方が使いやすいかもしれません。

④パーツを切り抜き、折りぐせを付けておきます。天の浮き橋（土台）の折り方に注意。

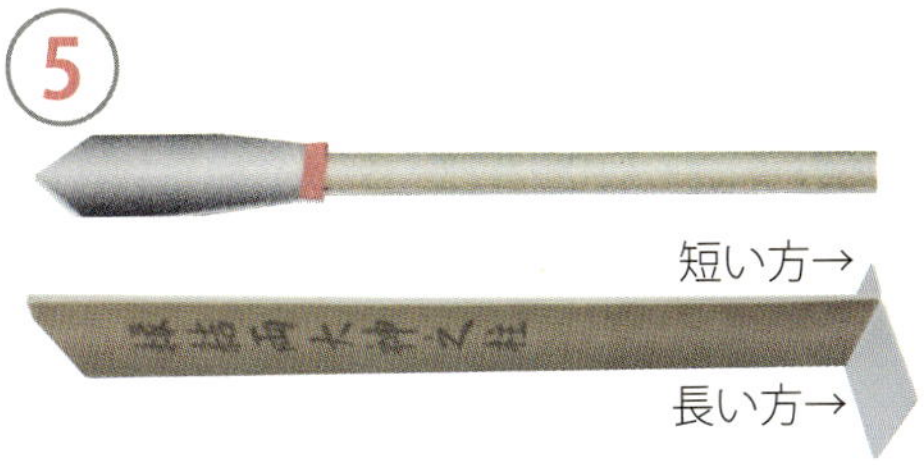

⑤天沼矛を重ねて糊付けします。表裏はありません。次に、のりしろを残し、太柱を重ねて糊付けします。のりしろの長さが違うことに注意（長い方が正面）。

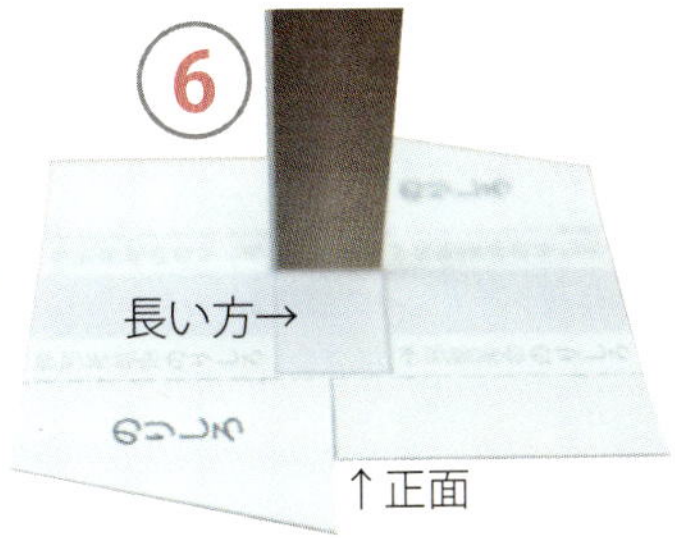

⑥天の浮き橋（土台）に太柱を立てます。立てる場所にはアタリ（目安）が印刷してあります。

⑦天の浮き橋（土台）に伊邪那岐命（向かって左）と伊邪那美命（向かって右）を立てます。立てる場所にはアタリ（目安）が印刷してあります。

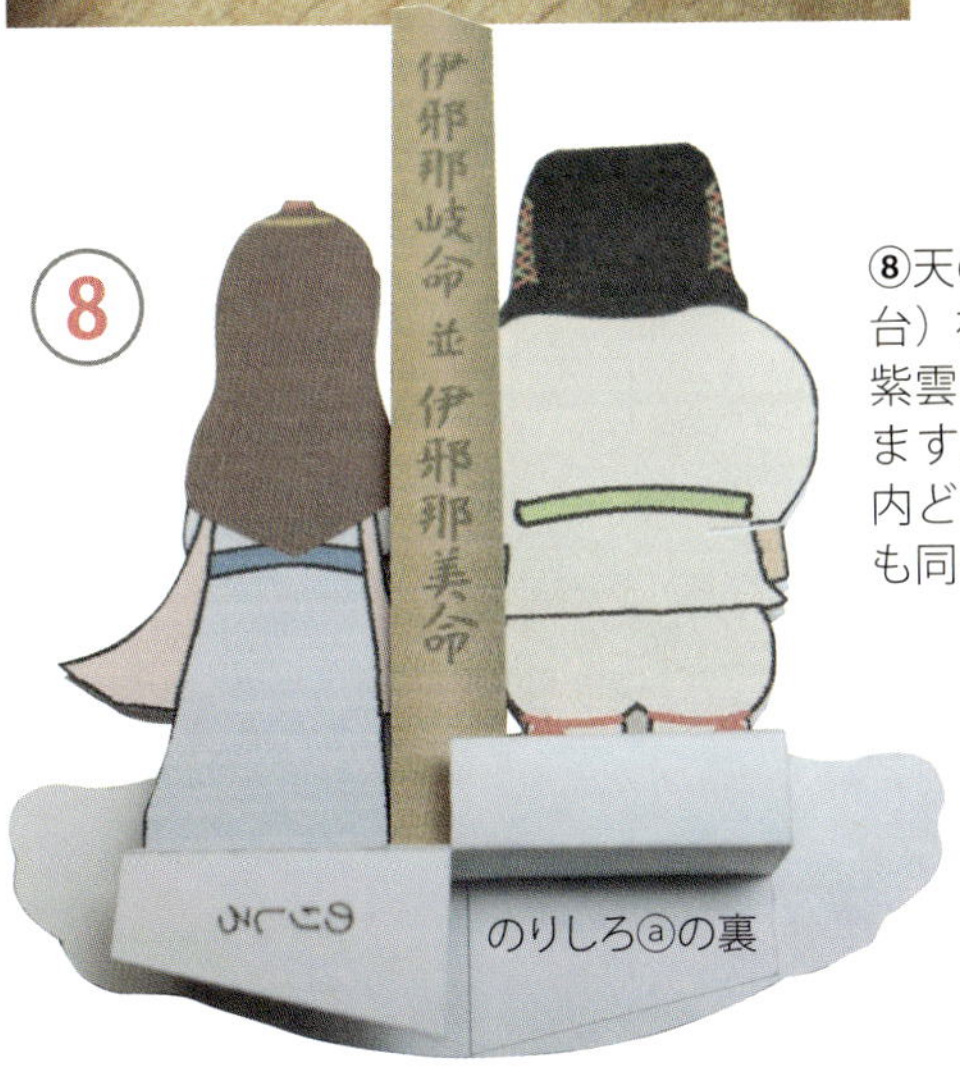

↑手順②で引いた裏面の垂直線に合わせる

⑧天の浮き橋（紫雲）と天の浮き橋（土台）を貼ります。このとき手順②で紫雲の裏面に引いた垂直線に合わせます。天の浮き橋（紫雲）は二枚の内どちらでも構いません。もう一方も同じように貼り付けます（下写真）。

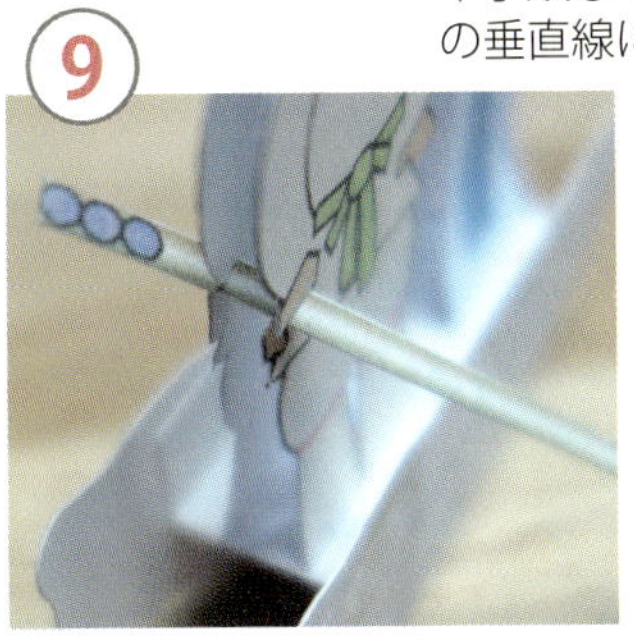

⑨天沼矛を男神の右手の切れ込みに差し込みます。矛が下を向くような角度になっています。

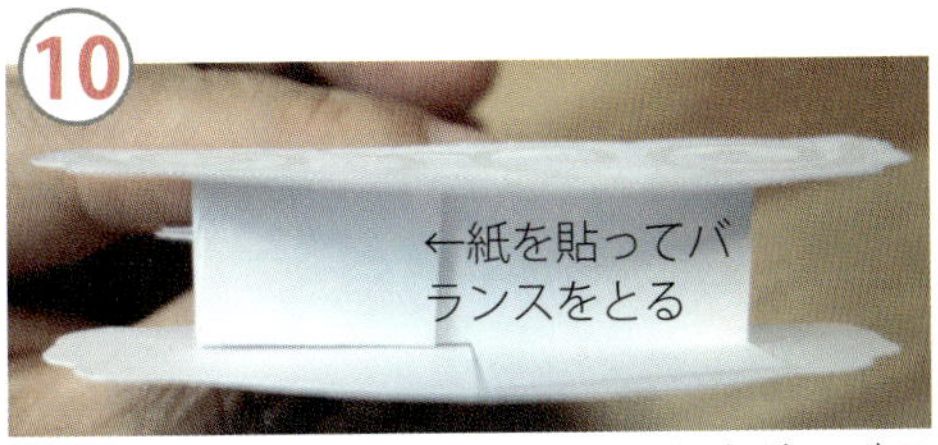

⑩左右に揺れるようになっていますが、バランスが悪いようでしたら矛の角度や長さで調節します。また上写真のように紙のウエイトを貼っても構いません。

強運をもたらす守護神 除災埴輪《じょさいはにわ》

台紙は45ページ

守護神

家内安全

強運・開運

豊穣・子授け

埴輪が展示されている施設：千葉県山武郡・芝山古墳はにわ博物館／東京都台東区・東京国立博物館／東京都大田区・多摩川台公園古墳展示室／山梨県甲府市・山梨県教育委員会考古博物館／滋賀県米原市・近江はにわ館／奈良県橿原《かしはら》市・考古学研究所附属博物館／三重県松坂市・文化財センターはにわ館／福岡県太宰府・九州国立博物館

■埴輪は古墳から出土します。いろいろな形がありますが、なかでも甲冑《かっちゅう》を身につけた武人の埴輪は埋葬された主人の警護を太古からしてきたことでしょう。

■一九六〇年代に放映された映画「大魔《だいま》神《じん》」はこの武人の埴輪をモデルにしたといわれています。なかでも東京国立博物館に展示されている群馬県太田市出土の東国武人の埴輪は国宝になっているほどです。

■埴輪の神さまは筆者のオリジナルです。素朴な埴輪に剣《つるぎ》と矛《ほこ》を持たせ、これを制作して現代に蘇らせた方を守護し、恋愛成就などの祈りを叶えてくださるよう念じながらデザインしました。

■土から生まれた埴輪は、土をつかさどる土公神《どくじん》（その場所を守護する地の神）でもあり、土（＝黄色）こそ古代中国から発した五行《ごぎょう》思想「木火土金水」の中心に位置する存在なのです。

東京国立博物館の東国武人埴輪

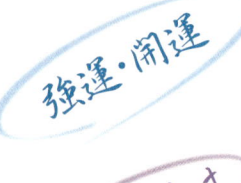

除災埴輪工作の手順

①本書から台紙を切り外したら、あらかじめ点線部（折り線）にペーパーナイフやクラフトピックなどで折り筋を入れておきます。矛と剣の折り線は全長分引いておきます。

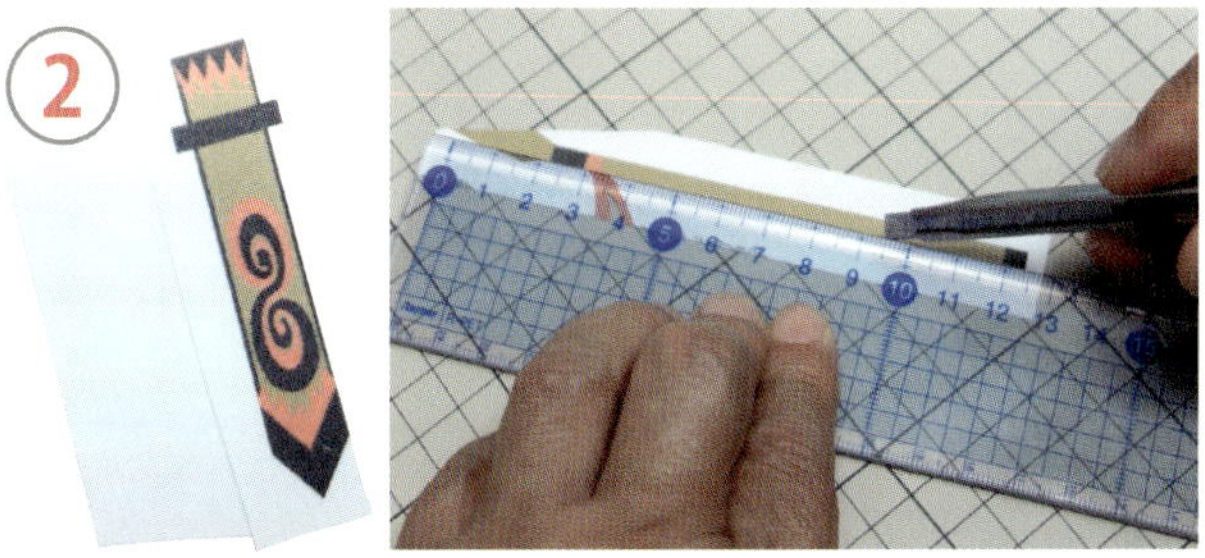

②矛と剣はセンターの折り線を山折りして両面を糊付けしてから切り抜きます。ただし矛の幡の部分は右ページ写真のようにヒラヒラさせるので糊付けしません。

③各パーツを切り抜きます。写真では腕輪や本体ののりしろにはあらかじめ両面テープを貼ってから切り抜いてあります。

④二組の腕輪を作り。甲冑（腰当て）の垂れ帯に切れ目を入れ、カールさせます。同じく矛の幡もカールさせます。

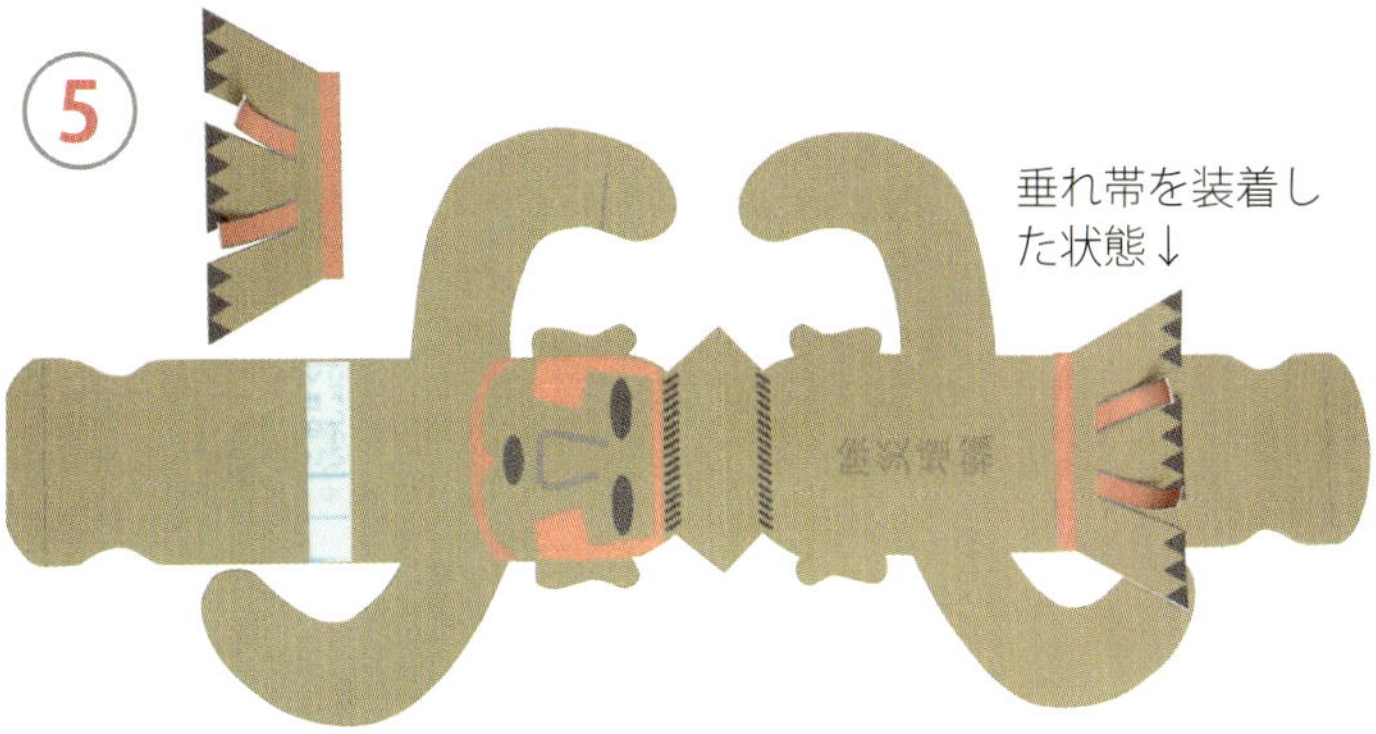

⑤垂れ帯をアタリに合わせて糊付けします。

⑥左腕に腕輪をはめ、適当な位置に剣を挟み、腕の表裏ごと糊付けします。剣を持った手は本体の手前に出します。

⑦前後の足を台座のアタリに合わせて糊付けします。

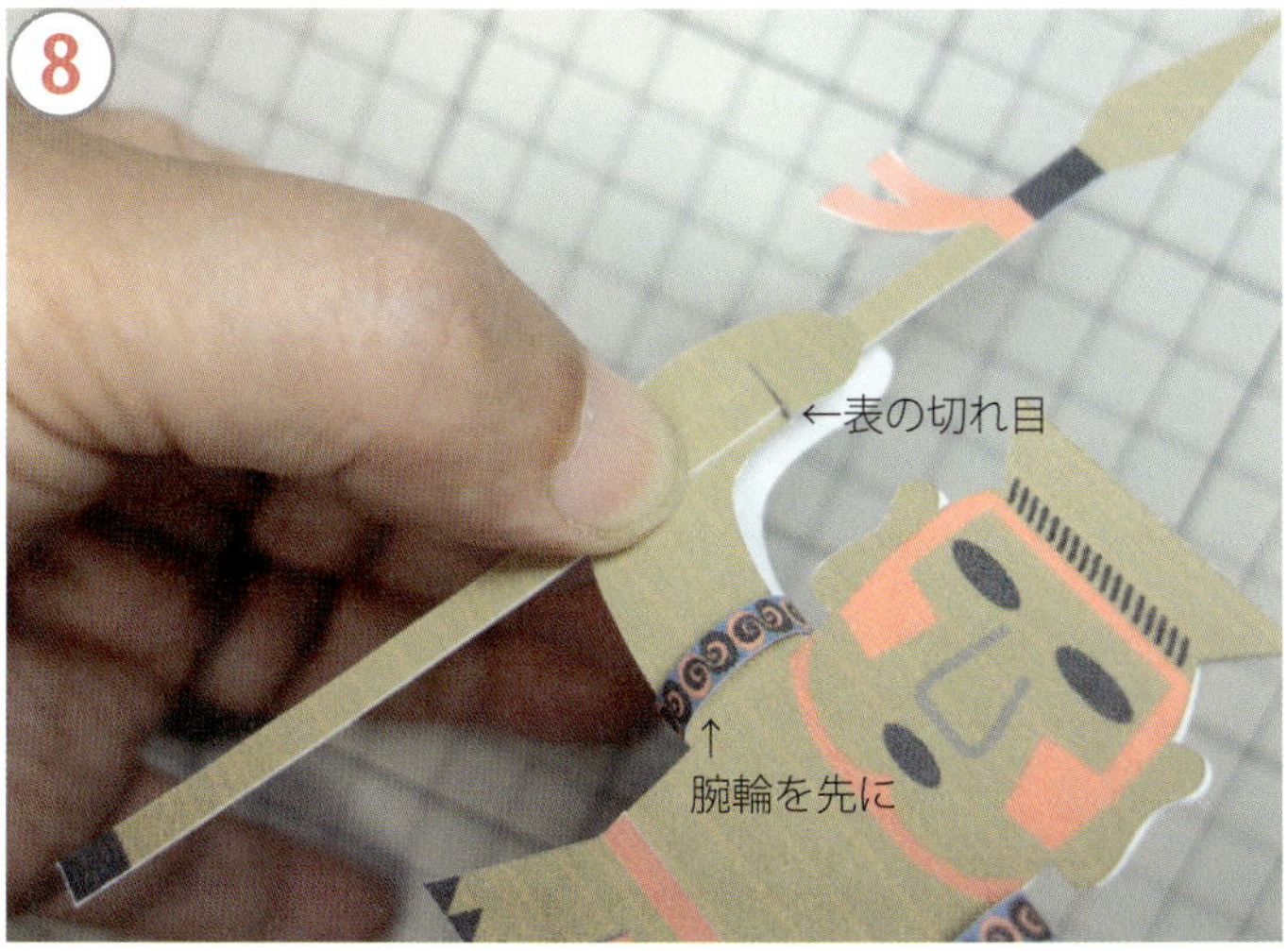

⑧右腕に腕輪をはめ、腕の表の切れ目から矛を挟み、腕の裏を矛ごと糊付けします。このとき矛の尻（石突）は台座と同じ高さかそれより上にくるようにします。万一糊付け後、台座より下にきてしまった場合は石突を切って調節します。

卓上（トイレ）に飾るあなたの守り神

美しい子を授けてくれるトイレの神さま

台紙は 47 ページ

トイレの神さまを祀っている寺社：北海道江別市・大麻神社（埴安姫命）／群馬県高崎市・大森神社（埴山毘売命）／静岡県伊豆湯ヶ島・明徳寺（烏枢沙摩明王）／静岡県袋井市・可睡斎（烏枢沙摩明王）／島根県松江市・美保神社（埴安姫命）／山口県岩国市・白崎八幡宮（埴安姫命）／福岡県糸島市・三坂神社（埴安彦命、埴安姫命）／福岡県福岡市・埴安神社

美しい子授け

安産・子育て

除不浄・障害

婦人病平癒

■トイレの神さまは民間信仰ですから地域によって厠《かわや》神、センチ神、便所神などともよばれ祀《まつ》りかたや姿もさまざまです。美しい盲目の女神、夫婦の神、恐ろしい男神などです。禅宗では烏枢沙摩《うすさま》明王とされています。

■民間信仰で共通していることは、子授けや子供の守護などです。ここでは神さまの姿を盲目の夫婦神としました。

■電気もなかった時代、トイレは異界への出入り口と考えられていました。生まれたての子供はまだ魂《たましい》も安定していないとされ、あの世に引き戻されないように神さまを祀ったのです。ですから子供の初外出は雪隠《せっちん》参りといって、まずトイレの神さまへの挨拶でした。

■そのようなことから、いつもトイレを清潔にしておくと盲目の神さまが喜ばれ、美しい子を授けてくださるという言い伝えも生まれたのでしょう。

昔のトイレの様子「北斎漫画」より

トイレの神さま工作の手順

①本書から台紙を切り外したら、あらかじめ点線部（折り線）にペーパーナイフやクラフトピックなどで折り筋を入れておきます。ここでは一本入れるだけです。

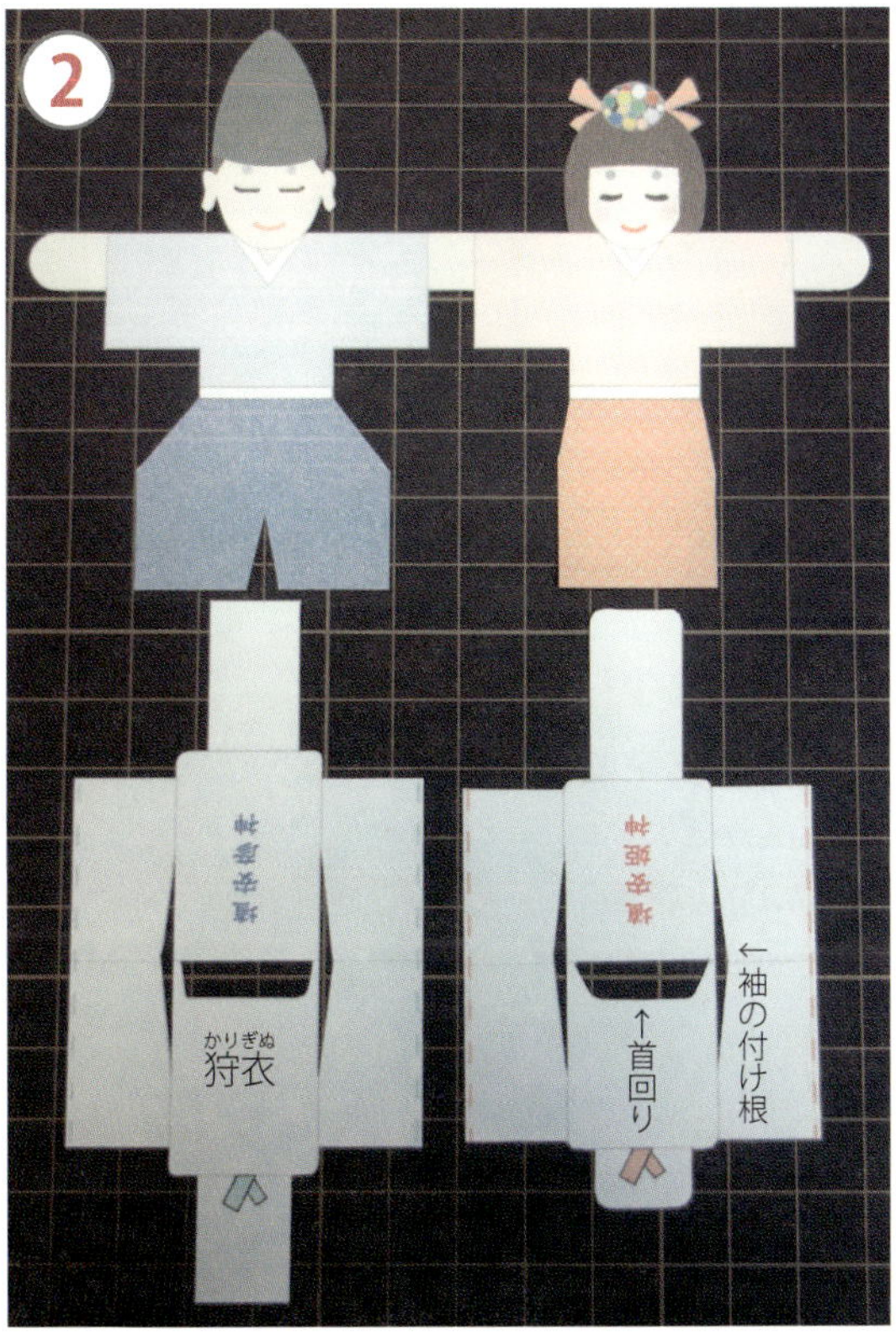

②男女神とそれぞれの狩衣を切り抜きます。首回りと袖の付け根は切り抜きます。首回りの両端は細いので切れやすいですが、切れてしまっても構いません。

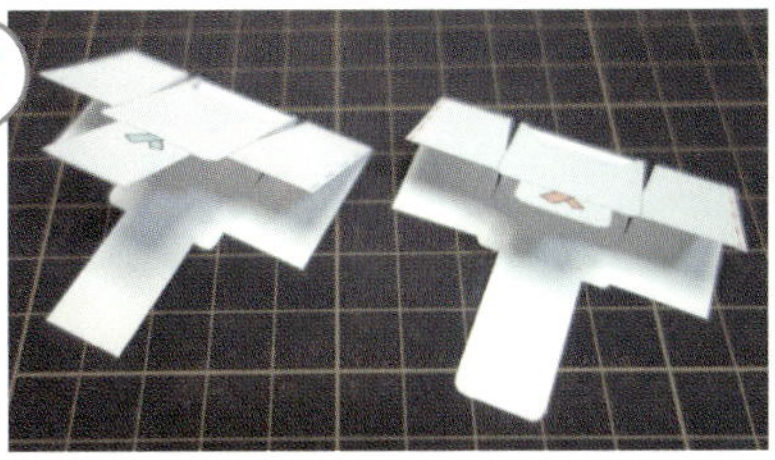

③狩衣を折ります。腰紐の端が見える方が手前です。

④狩衣を男女神に着せます。髪飾り、髪、耳などが引っかかりますので丁寧におこなってください。切れてしまっても構いません。

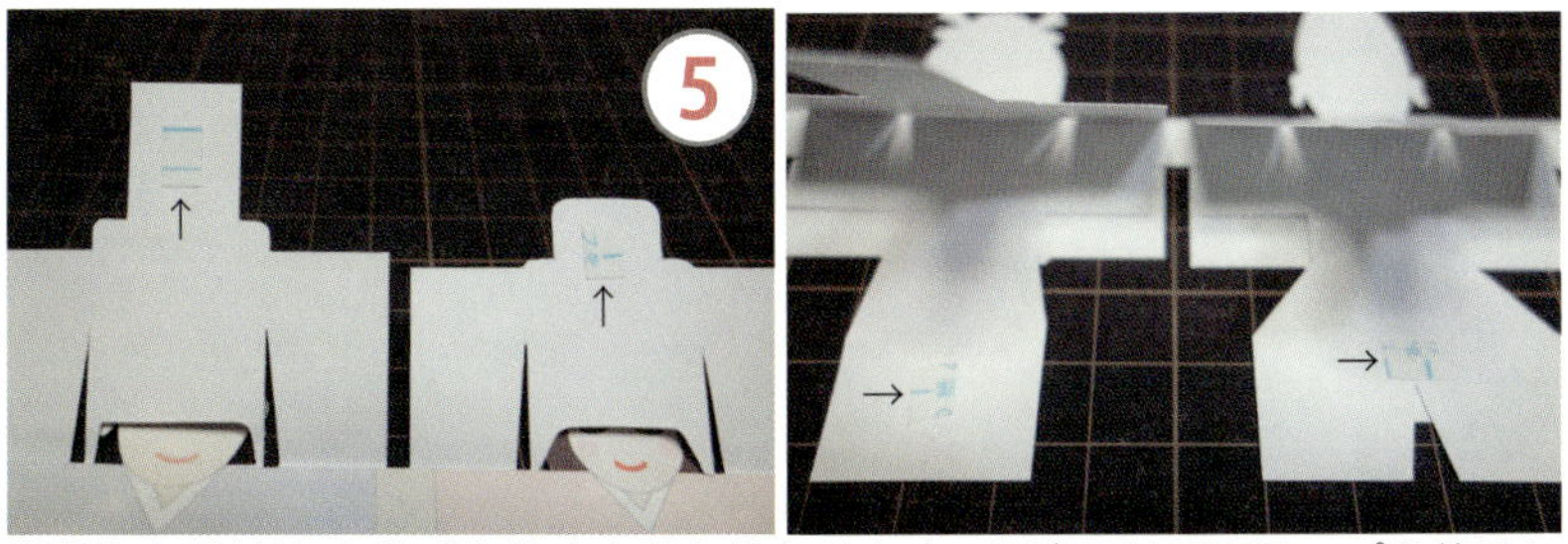

⑤糊を少量付けて（矢印）狩衣を落ち着かせます。写真では両面テープを使用しています。

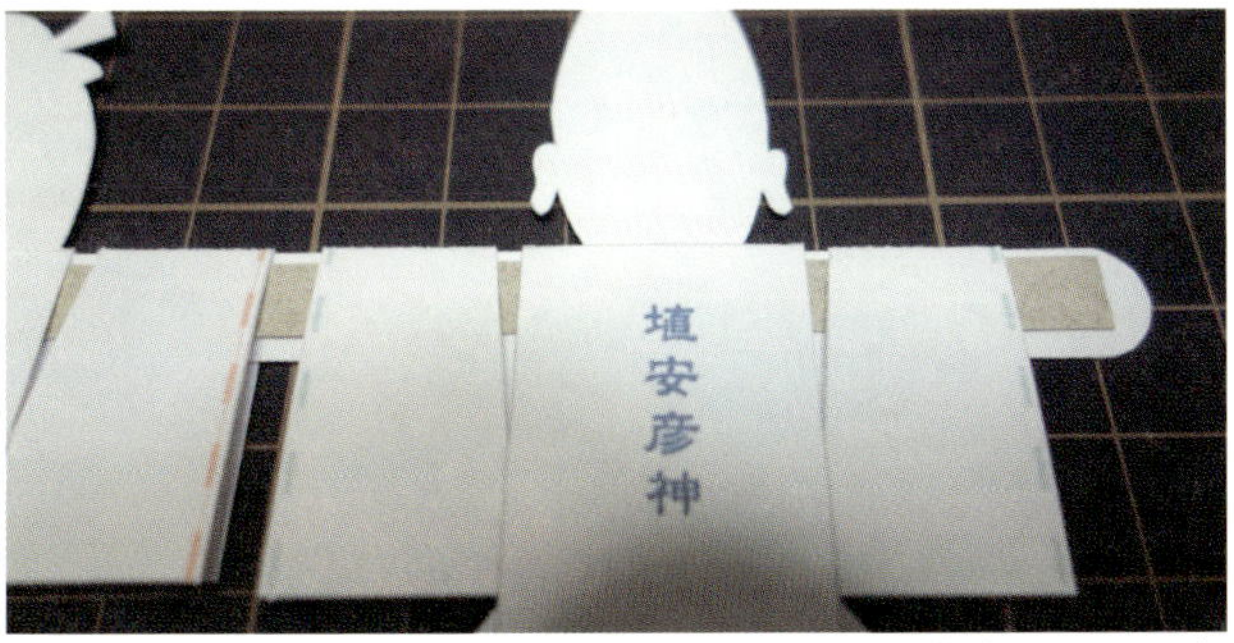

⑥トイレの神さまはそのまま壁に直接貼ったり、立てかけても構いません。また、紐や糸で壁や柱などに吊してお祀りすることもできます。その場合は裏に余り紙などで補強するとタワミにくくなります。写真では見やすいように色紙を差し込んでいます。

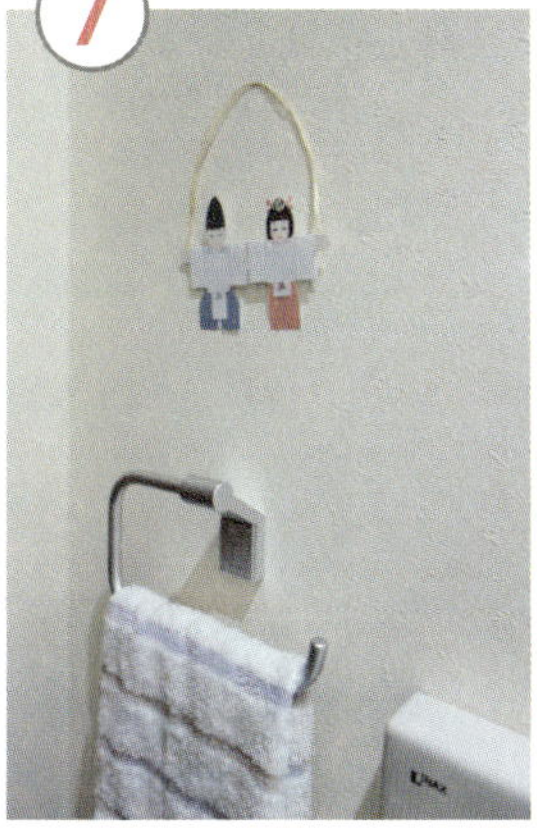

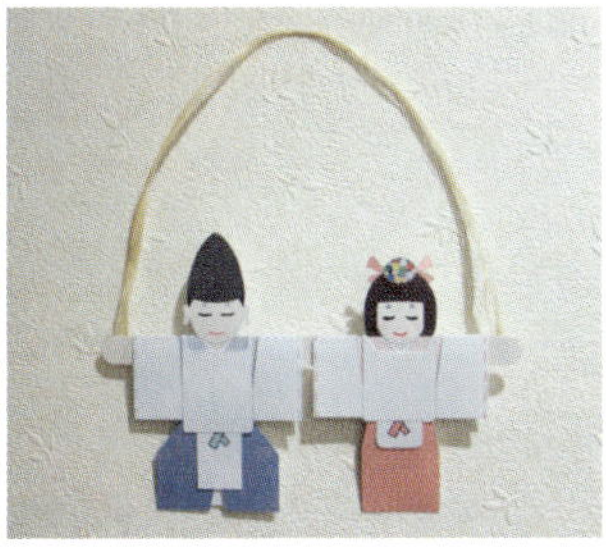

⑦我が家のトイレの神さまです。紐は麻を使っています。

四季別　半紙で作る縁結びの切り紙

①原稿をコピーします。

②半紙を二つ折りに。

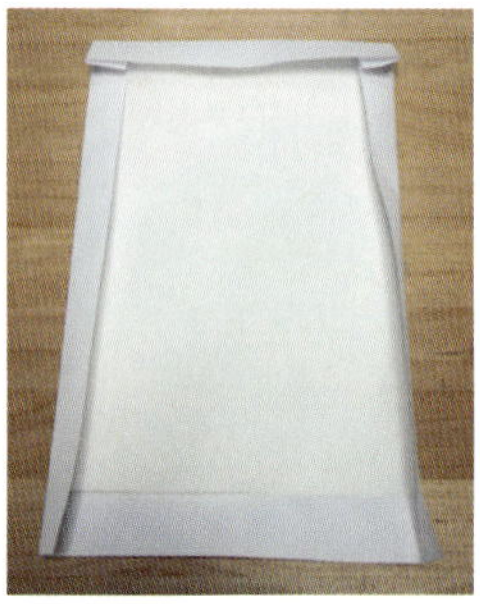

③折り方向に注意してコピーを重ね、ズレを防ぐため余白部分で半紙を包み込んでしまう。

④コピー紙ごと紙を切り抜きます。細かい作業なのでデザインカッターが便利。

⑤切り抜いた半紙を広げ、お好みの台紙に載せて形を整え、ケースなどに入れて完成です。

「春」お正月さまと豊穣《ほうじょう》の祈り

扇《おうぎ》の上に坐《まし》ますのは、しゃもじを持った田の神です。春に家や田畑にお迎えするご先祖さまであり、お正月さまでもあります。稲穂、俵《たわら》、松、田植えをする早乙女《さおとめ》などを描きました。早乙女の背後には稲を実らせるといわれる稲妻をあしらいました。

「夏」星祭りと恋の七夕さま

天の川を挟み、七夕の夜にだけ会える牽牛《けんぎゅう》星（彦星）と織姫《おりひめ》星を水面に映して祈りを捧げると恋が成就するといわれています。竹林の上には北斗七星と花火、水面には星と金魚などをあしらいました。天の川は細いのでゆっくり切り抜いてください。

「秋」菊と恋愛成就の十五夜

菊を浮かべた菊花酒は不老長寿の薬といわれます。画面には秋の草花、秋茜《あきあかね》（赤トンボ）、三日月から満月に至る月の満ち欠け、満月に向かって飛び跳ねる兎《うさぎ》を描いています。兎は恋愛成就の神であり、縁結びで名高い大国主命《おおくにぬしのみこと》のお使いでもあります。

「冬」冬祭りと夫婦鶴

杉の森は長野地方の冬祭りのおかざりに使われるデザインです。木々の間から朝日が昇り、鶴の夫婦が「壽《ことぶき》」を挟んで愛を育《はぐく》んでいます。大気中にはダイヤモンドダストが舞っていますが鱒《ます》の群れや左右の榊《さかき》は生命の息吹を感じさせてくれます。

「春」お正月さまと豊穣の祈り

「夏」牽牛と織姫の恋の七夕さま

二つ折りした半紙の中心→

半紙を二つ折りにしてグレー部分を切り抜く

二つ折りした半紙の中心→

#「秋」菊と恋愛成就の十五夜

二つ折りした半紙の中心→

半紙を二つ折りにしてグレー部分を切り抜く

二つ折りした半紙の中心→

#「冬」

冬祭りと夫婦鶴

二つ折りした半紙の中心→

半紙を二つ折りにしてグレー部分を切り抜く

二つ折りした半紙の中心→

愛染明王《あいぜんみょうおう》

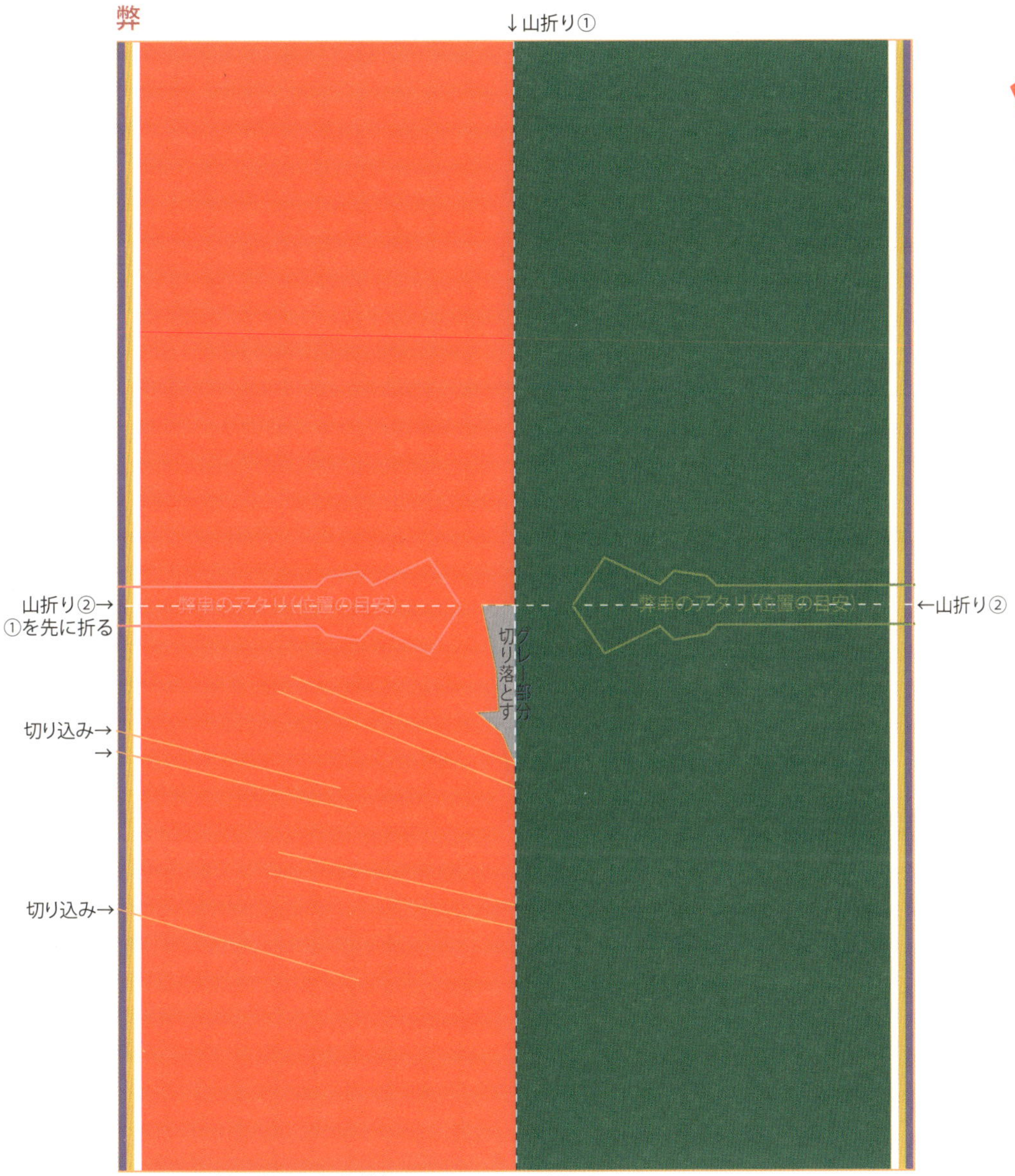

↑切り込みの矢印が書いていないオレンジのラインにも切り込みを入れる。紙の厚さが４枚分あるので、一番下の紙までしっかり切る。一度で無理に切る必要はありませんが、紙がずれないようにクリップなどでこま

↑山折り①
こちらを先に折り、次に②の線を折ってから切り込みを入れ、中心のグレー部分を切り落とす

夫婦《めおと》の鯛

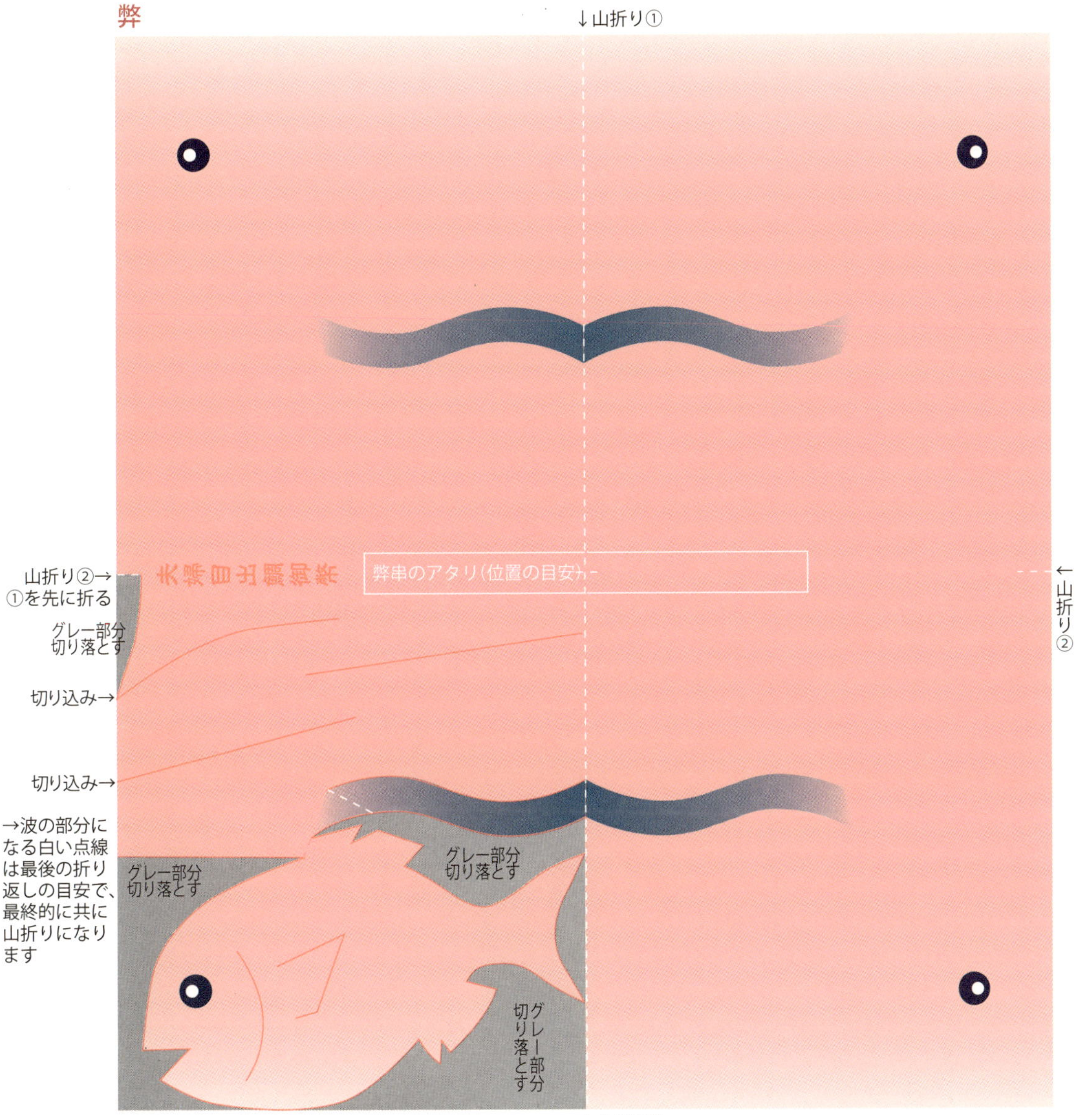

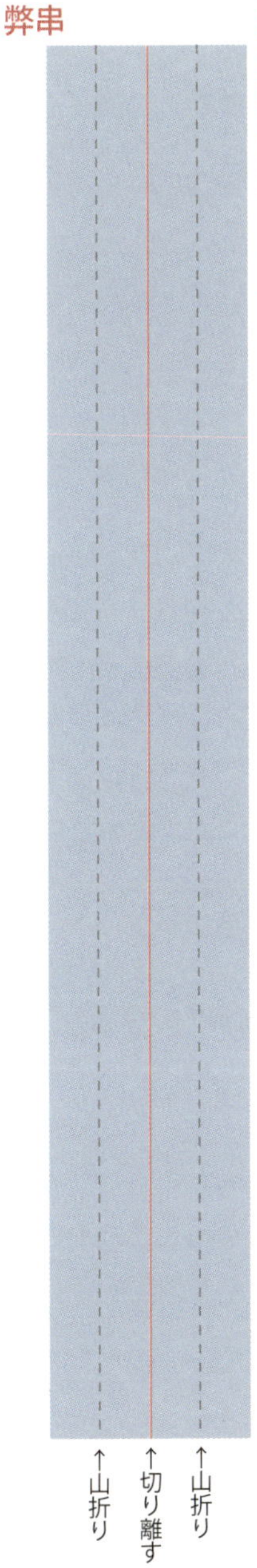

↑切り込みの矢印が書いていないオレンジのラインにも切り込みを入れる。紙の厚さが４枚分あるので、一番下の紙までしっかり切る。一度で無理に切る必要はありませんが、紙がずれないようにクリップなどでこまめに止めながら切ります

↑山折り①
こちらを先に折り、次に②の線を折ってから切り込みを入れ、中心のグレー部分を切り落とす

三宝荒神《さんぽうこうじん》

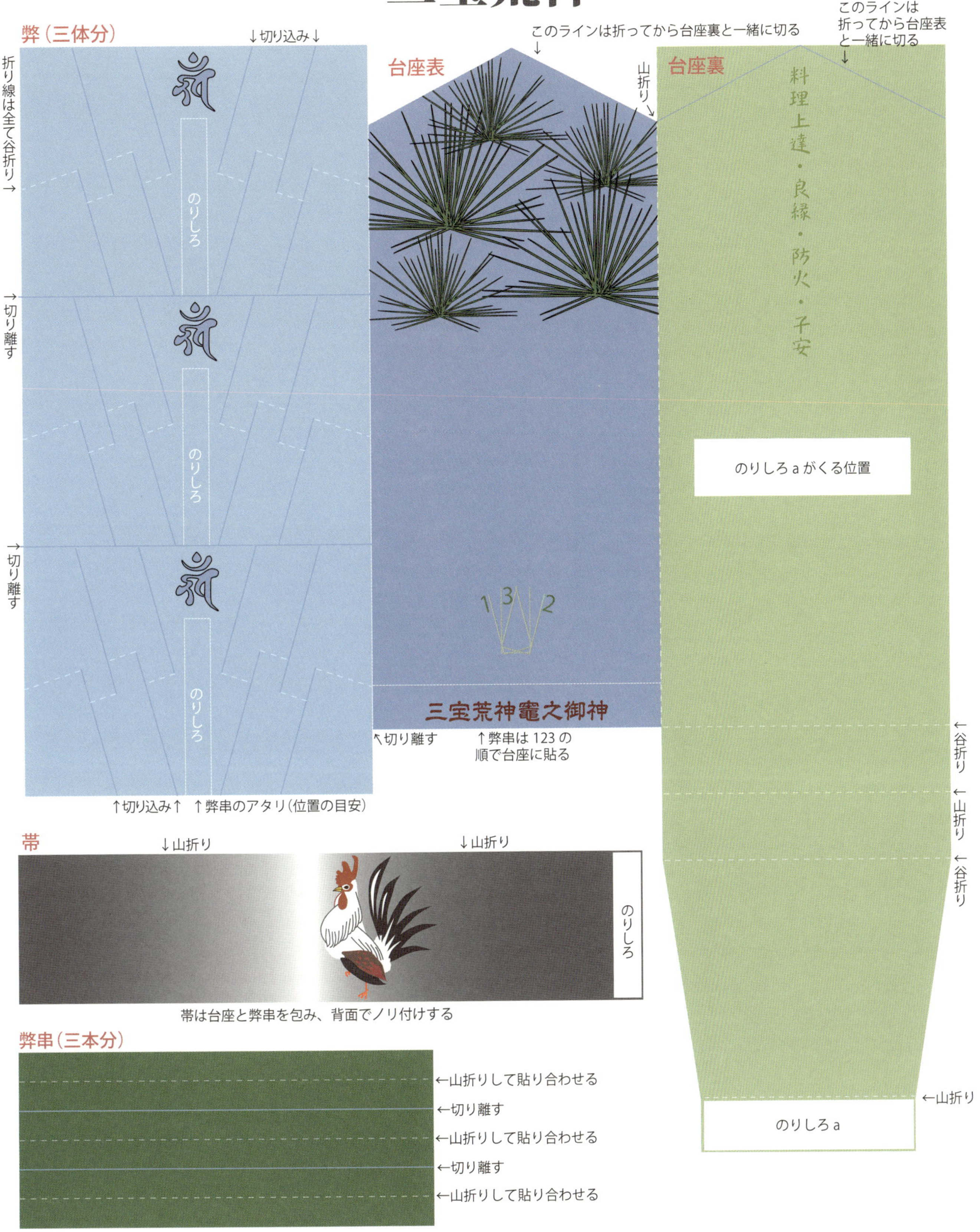
幣（三体分）
↓切り込み↓
折り線は全て谷折り→
のりしろ
→切り離す
のりしろ
→切り離す
のりしろ
↑切り込み↑　↑幣串のアタリ（位置の目安）
台座表
このラインは折ってから台座裏と一緒に切る
↓
山折り↘
1 3 2
三宝荒神竈之御神
↖切り離す
↑幣串は 123 の
順で台座に貼る
台座裏
このラインは
折ってから台座表
と一緒に切る
↓
料理上達・良縁・防火・子安
のりしろ a がくる位置
←谷折り
←山折り
←谷折り
←山折り
のりしろ a
帯
↓山折り
↓山折り
のりしろ
帯は台座と幣串を包み、背面でノリ付けする
幣串（三本分）
←山折りして貼り合わせる
←切り離す
←山折りして貼り合わせる
←切り離す
←山折りして貼り合わせる

鬼子母神《きしもじん》

弊

弊串

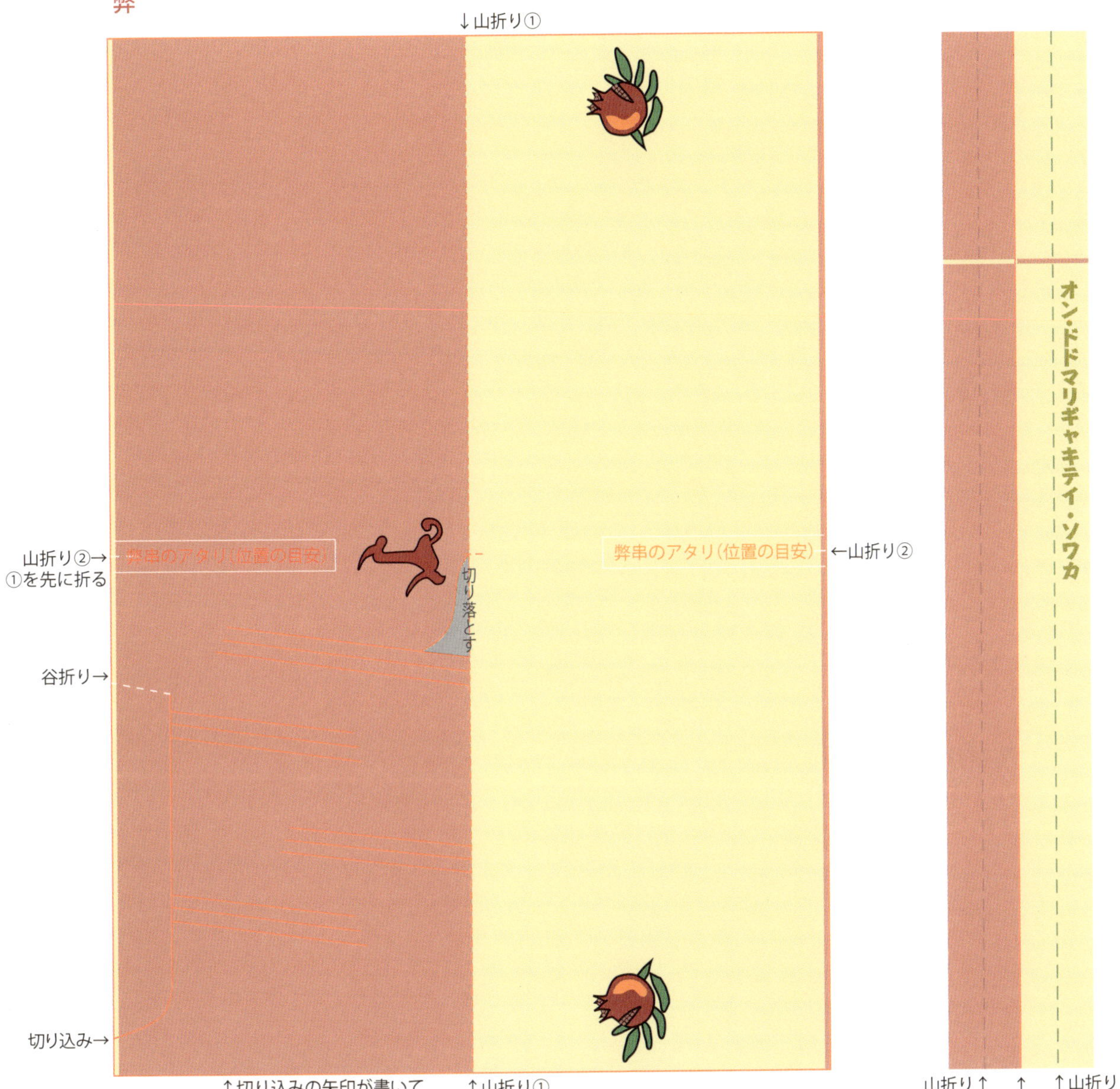

↑切り込みの矢印が書いていないオレンジのラインにも切り込みを入れる。紙の厚さが４枚分あるので、一番下の紙までしっかり切る。一度で無理に切る必要はありませんが、紙がずれないようにクリップなどでこまめに止めながら切ります

↑山折り①
こちらを②より先に折り、次に②の線を折ってから切り込みを入れ、中心のグレー部分を切り落とす

塞《さえ》の神《かみ》（道祖神《どうそしん》）

尊像部

塔部外輪

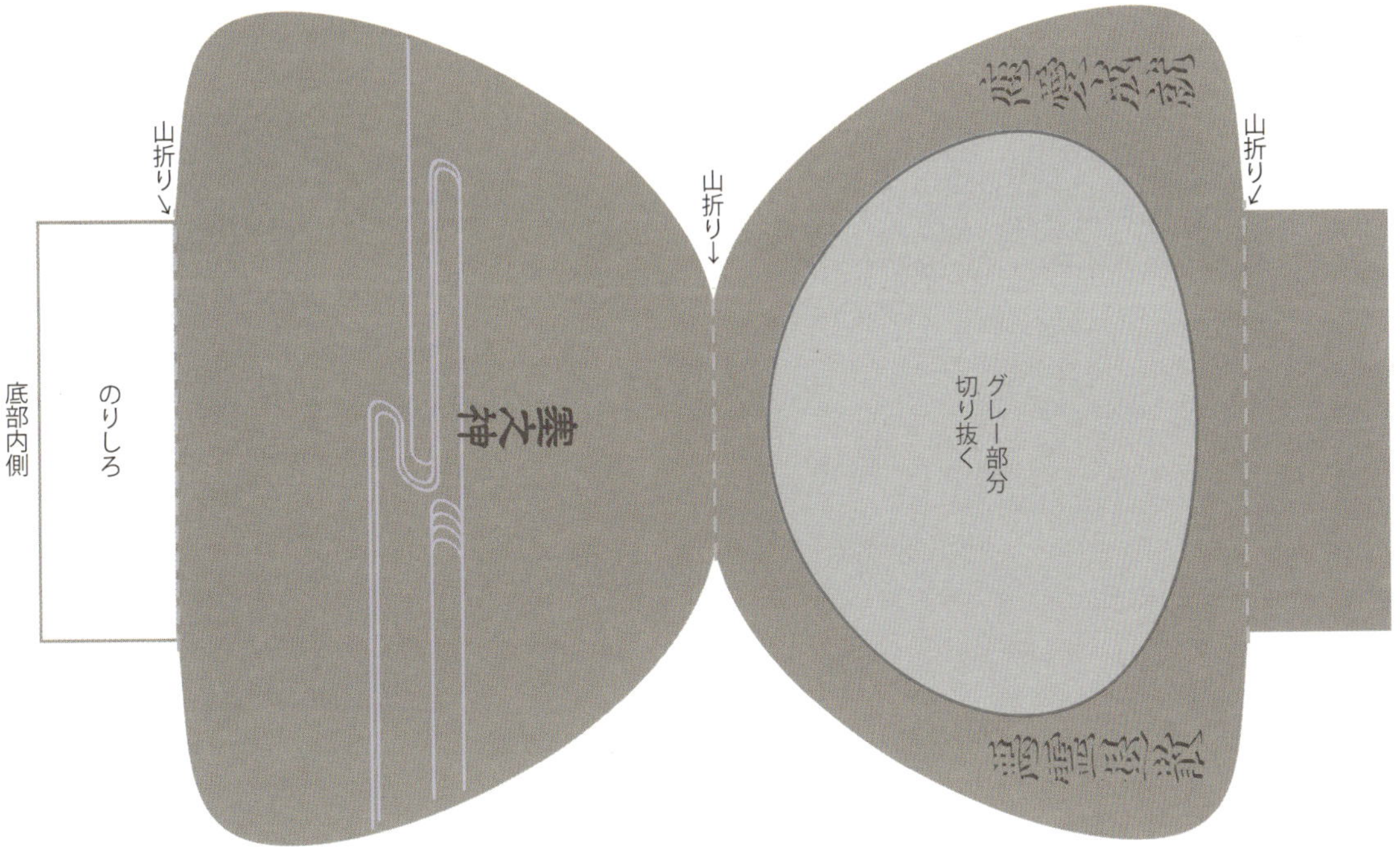

伊邪那岐命《いざなぎのみこと》・伊邪那美命《いざなみのみこと》

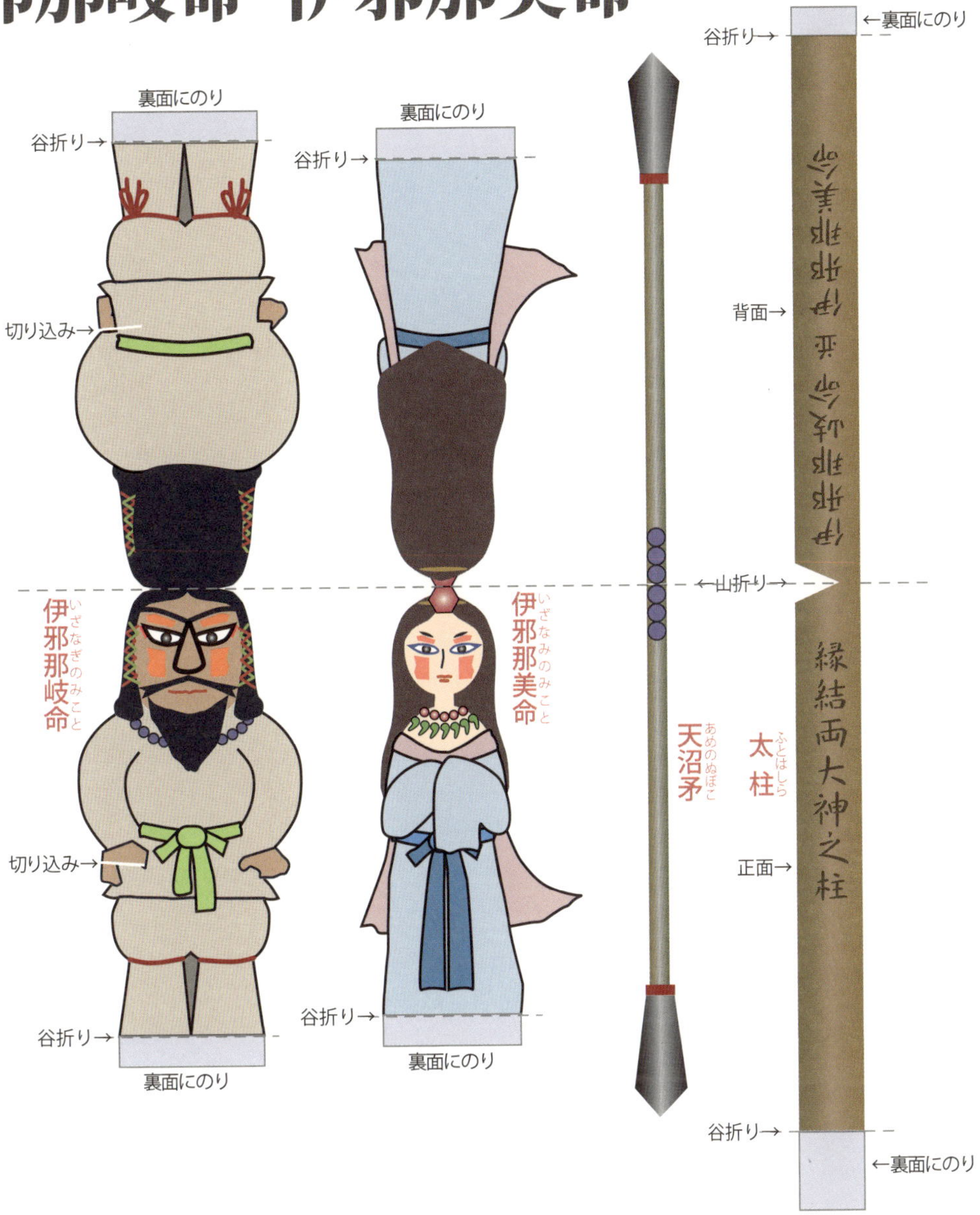

天浮き橋《あめのうきはし》（足場）

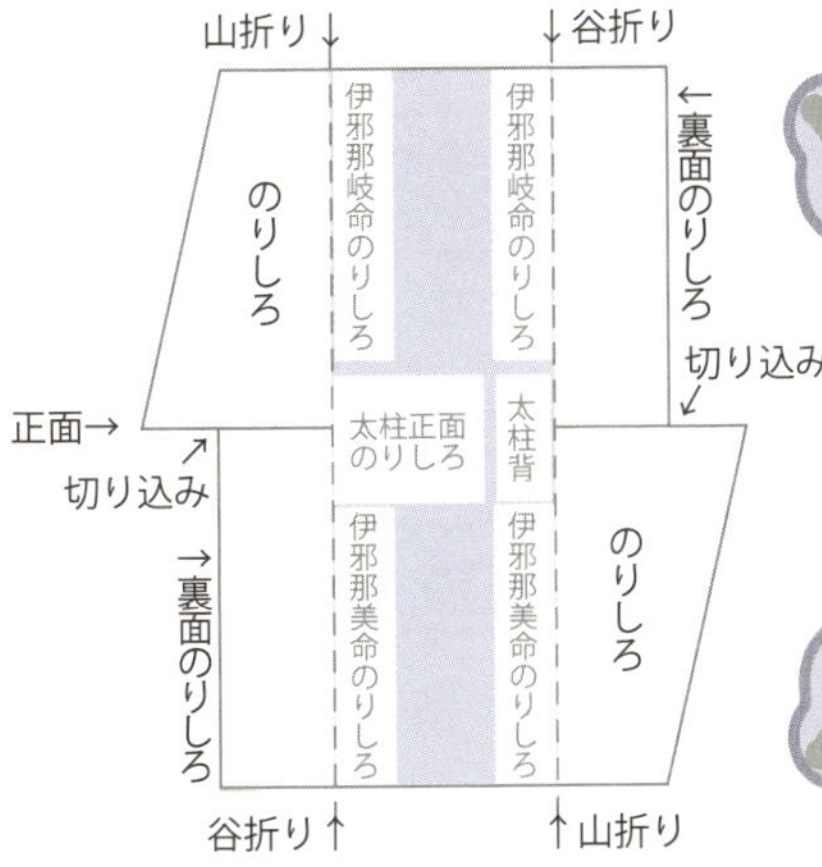

天浮き橋《あめのうきはし》（紫雲）

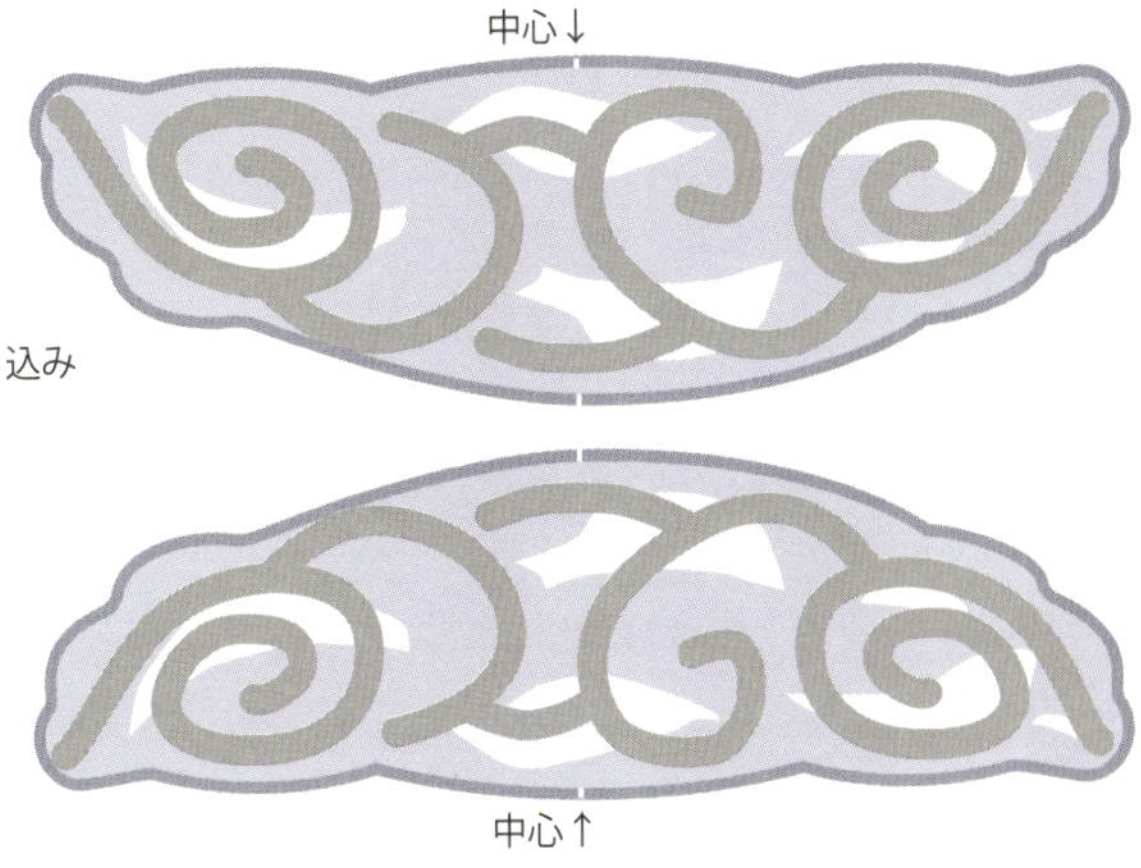

除災埴輪《じょさいはにわ》

腕輪
のりしろ
のりしろ
↑切り離す
本体
←谷折り
のりしろ
除災埴輪
←山折り
切り込み←
のりしろ
←谷折り
甲冑（腰当て）
↑ ↑切り込み↑ ↑
↑ ↑切り込み↑ ↑
台座
アタリ
アタリ
剣《つるぎ》
センターを山折りして貼り合わせてから切り抜く
赤い幡の部分のみ切り込みを入れる↘
赤い幡は糊付けしない↓
センターを山折りして貼り合わせてから切り抜く
このとき赤い幡の中（白い部分）も切り抜く

トイレの神さま

男神

女神

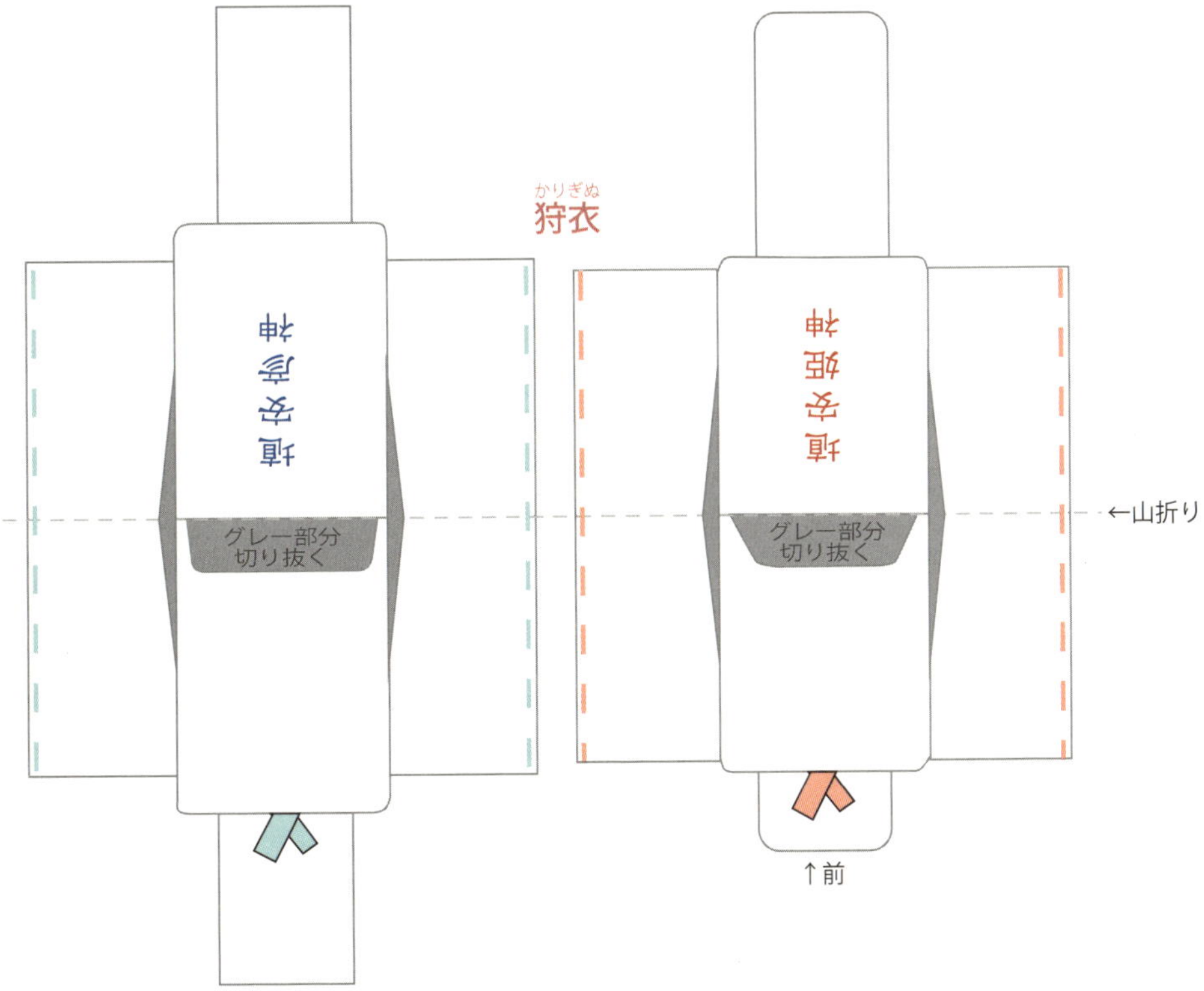

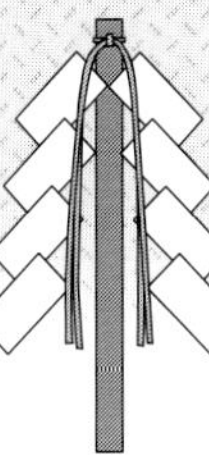

神さまのおもてなし法

神さまはどのような場所にお迎えして、どのようにおもてなしすればよいのでしょうか。

一般に神々は神棚、仏さまは仏壇に祀《まつ》るということになっています。しかも家の中で明るく最も清浄な場所にお祀りするのがベスト、とまでいわれます。つまり家の中の神棚は小さい神社、仏壇は小さいお寺という考え方です。中には神棚と仏壇の両方ある家だってあります。しかし核家族化してしまった家庭、都市のマンションや狭い部屋に住んでいる若い人たちには神棚や仏壇を置くスペースなどありませんし、立派な仏壇は高価です。でも心配ご無用。これからあなたがお呼びしておもてなしする神さまは、家族や地域、一族や国の神さまではなく、ごく庶民的なあなた自身のための神さまです。マナーさえ守ればどこへお迎えしてもよいのです。

お招きする

①神さまをお祀りする場所は常にあなたから見える場所、つまりいつも神さまと対話できる場所にしてください。トイレやキッチンの神さまは居場所が決まっていますが、ほかの神さまは玄関やテーブル、棚の上で構いません。でも埃《ほこり》まみれにはしないで！

②いつも神さまに（心の声でも結構ですから）愛と尊敬の気持ちを込めて話しかけ、部屋を出入りする時には挨拶し、願い事を念じてください。帰ってからその日の出来事をご報告するのもよいでしょう。

③質素で小さな容器で結構ですから供物《くもつ》を捧げてください。本来は「水・塩・米」が基本とされます。じつはこれだけあれば（栄養バランスは別としても）人は生きていけるからです。ローソクも魅力的です。また、お酒やお菓子を召し上がるときには、まず神さまにお供えしてからにします。一度神さまが召し上がったものをいただくことによって神さまのパワーが身につくのです。

④よく神社で鈴を鳴らしたり太鼓を打ったり手を叩きます。これで神さまの注意を喚起《かんき》してから祝詞《のりと》を奏上してお願い事をします。お寺でも鈴《れい》を鳴らし、灯明や線香を上げてお経を読みます。これらの所作はお盆で迎え火を焚いたり、正月に門松を飾ることと元々は同じ考えです。部屋の中で夜中に大きな音をたてるわけにはいきませんが手を叩いて拝んだり、「どうぞよろしくお願いします」などの声を掛けることは大切です。ちなみに一般の神社では二礼二拍手一礼を奨励《しょうれい》していますが、これが唯一の作法ではないことも知っておいてください。神さまに対する気持ちこそが何よりも大切です。ですから自分の好きな音楽を流して神さまをお招きしてもよいのです。神さまは意外と賑《にぎ》やかなのが好きな一面もあるので環境が許せばダンスや歌でおもてなししてもよいのですよ。

結論です。あなたのこのような日常が神さまをお招きし、あなた自身を変身させてくれるのです。つまり毎日トイレを掃除することがきっかけとなってあなたの周囲は美しくなります。キッチンの神さまが見守ってくれると思えば料理も上達し、食器はいつもピカピカです。神さまに感謝する気持ちが生じれば他人に感謝する気持ちも生じます。いつも願っていることがあれば自然と積極的に生きるようになり、結果的にあなたは目標に向かっているのです。「そんな簡単にいくわけないよ」と思わないでください。念じなければ、意識しなければ、決意しなければ、目標を掲《かか》げなければ神さまは気付いてくれません。念願成就には真剣さが必要なのです。あなたが作る神さまたちは、間違いなくあなたにそのパワーを与えてくれます。

ご帰還ねがう（依代《よりしろ》の処分）

次は願いが成就した時や神さまを何体も作ったり汚れてしまったりして処分されるのにお困りの場合です。つまりお招きした神さまに、誠に勝手ながらご帰還を願うわけです。ここで作った神々は印刷された紙製の依代であって神さま自体ではないとわかっていても、今まで近くから自分を見守ってくださった存在です。そのまま紙くずとしてポイと捨てる気持ちにはなれません。かわいがっていたぬいぐるみが、いくら汚れてしまっても簡単に手放せないのと似た感情です。

一般に神社や寺院で求めたお札《ふだ》やお守りは一年後に同じ神社や寺院に持って行き、お焚上《たきあ》げ（焼却処分）をしていただきます。そして再び新しいお札やお守りを求めて帰ります。もちろん毎年新しいお札を求めることは気分も新たになりますし、それを否定するつもりはありませんが、神さまは永久不滅なはずです。

反面、神さまはお招きすれば降りてこられますが、そのままにしておけば自然に昇華《しょうか》する（天や山、彼岸《ひがん》へ帰る）というのが神道や仏教儀礼の考え方でもあります。だから何度も神事や仏事を繰り返すのです。しかも、特にお祭りの時などは、その度ごとに神さまをお呼びして接待が終われば早々にお帰り願っています。お盆の送り火も全く同じ考え方です。それらを踏まえた上で神さまのご帰還を願う方法を伝授いたします。

①神さま（依代）に感謝とねぎらいの気持ちを伝える。

②日本の神さまたちが比較的不得意な「供養《くよう》」を行う（日本の神さまは、じつは罪や穢《けが》れを取り除く禊《みそ》ぎやお祓《はら》いは得意なのですがお弔《とむら》いはほとんど仏教に任せきりなのです。だから日本に仏教が根付いたといっても過言ではありません）。

③そこで左ページのお地蔵さまのお札を神さまに貼って供養をしてから（方法は左ページに書いてあります）神さまを普通の紙に戻し、一般ゴミとして処分します。もちろん感謝とねぎらいの気持ちを込めてです。

左のお札には地蔵菩薩の種字《しゅじ》（カ）と真言《しんごん》（オン・カカカ・ビサンマエイ・ソワカ）が書き込まれています。左ページをコピーして、神さまだけでなく人形やぬいぐるみなど平常心ではとても処分できないものに一枚ずつ貼ってください。

お地蔵さまは私たちにもっとも身近な仏さまとして人や動物の苦悩を救ってくださるだけでなく、天上界の神さまたちまでもお慰めしてくださるのです。もちろんあなた自身がお守りとして身につけても構いません。

地蔵菩薩のお札はコピーして一枚ずつ切り離します。処分するものに貼り「オン・カカカ・ビサンマエイ・ソワカ」と地蔵尊の真言を唱えてから「あとはお地蔵さまにお願いします」と念じ、地域の分別法に従って捨ててください。その前に供物を供えても結構です。ご自分のお守りにする場合はケースやぽち袋などに入れて身につけてください。

著……**川副秀樹**（かわぞえ・ひでき）

1949年生。O型。牡牛座。中央大学経済学部卒。　G·デザイン事務所経営を経て現在、著作・編集業・民俗学研究者。'03～「東京都高尾パークボランティア会」会員。'06～神職の体験及び研究を開始。'11～「古文書の会（武蔵野市）」会員。
ベランダのプランターで古代米を栽培しメダカを飼育。飯縄信仰・お稲荷さん・庚申さん・山の神など庶民が信仰した神々の研究をライフワークとする。狐グッズ（お面など）収集家。
また、'50～'60年代の黒人音楽（Soul Music, R&B）に造詣が深く自らもグループを組み、年数回の演奏活動を続けている。武蔵野市在住。

著書：『雑学 ご先祖様の知恵袋』（黒鉄ヒロシ監修／宝島社／'04）、『スキャンダラスな神々』（龍鳳書房／'06）、『八百万のカミサマがついている！』（志學社／'08）、『絵解き・謎解き 日本の神仏』（彩流社／'10）、『東京「消えた山」発掘散歩』（言視舎／'12）、『東京の「年輪」発掘散歩』（言視舎／'13）ほか企画編集書多数。

http://www.zoeji.com
　＊動画でクラフトワークを実演指導（無料）
　＊筆者が語り手を務める「ごりやく民俗講座」、演奏活動、ボランティア活動（自然教室）、発掘散歩隊、新刊発行などの情報
　●ポストに、あなたの神さま情報などをお寄せください。

石仏を調査する筆者

装丁………山田英春

DTP制作………Hi-Studio

クラフトワーク
縁結びの神さまをつくる

発行日❖2013年8月30日　初版第1刷

著者
川副秀樹

発行者
杉山尚次

発行所
株式会社言視舎
東京都千代田区富士見2-2-2　〒102-0071
電話 03-3234-5997　FAX 03-3234-5957
http://www.s-pn.jp/

印刷・製本
(株)厚徳社

ISBN978-4-905369-68-4